民族之魂

宽宏大量

陈志宏◎编著

延边大学出版社

图书在版编目（CIP）数据

宽宏大量 / 陈志宏编著 . —— 延吉：延边大学出版
社，2018.4（2023.3 重印）
（民族之魂 / 姜永凯主编）
ISBN 978-7-5688-4515-1

Ⅰ.①宽… Ⅱ.①陈… Ⅲ.①品德教育—中国—青少
年读物 Ⅳ.① D432.62

中国版本图书馆 CIP 数据核字（2018）第 069541 号

宽宏大量

编　　　著：陈志宏
丛 书 主 编：姜永凯
责 任 编 辑：王　静
封 面 设 计：映像视觉
出 版 发 行：延边大学出版社
社　　　址：吉林省延吉市公园路 977 号　　邮编：133002
网　　　址：http://www.ydcbs.com　　E-mail：ydcbs@ydcbs.com
电　　　话：0433-2732435　　　　传真：0433-2732434
发行部电话：0433-2732442　　　　传真：0433-2733056
印　　　刷：三河市同力彩印有限公司
开　　　本：640×920 毫米　　　1/16
印　　　张：8　　　　　　　　字数：90 千字
版　　　次：2018 年 4 月第 1 版
印　　　次：2023 年 3 月第 2 次印刷
ISBN 978-7-5688-4515-1

定价：38.00 元

人有灵魂，国有国魂；一个民族，也有民族魂。

鲁迅先生曾经说过："唯有民魂是值得宝贵的，唯有他发扬起来，中国才有真进步。"

鲁迅先生以笔代戈，战斗一生，曾被誉为"民族魂"。

民族魂，顾名思义，就是一个民族的灵魂！民族魂，是一个民族的精髓，体现了一种民族的精神，是一个民族生存和存在的精神支柱。

什么是中华民族的民族魂？那就是中华民族精神！它是中华民族凝聚力的理念核心，是中华文明传承的基因。它包含热烈而坚定的爱国情感，对生活的美好愿望和追求，为目标努力奋斗的拼搏毅力，为正义事业不惜牺牲自己的精神，以及正确的人生观和价值观。

前 言

翻开浩瀚的中国历史长卷，我们可以看到数不胜数的，体现民族精神和民族魂的英雄人物和可歌可泣的感人故事。

民族魂，不仅体现在爱国主义精神和行动中，而且体现在各个领域自强不息的民族奋斗中。而中华民族精神的力量，更是深深植根于延绵几千年的传统文化之中，始终是维系中华各族人民共同生活的纽带，是支撑中华民族生存和发展的精神支柱，是不断推动中华民族前进的强大动力。

民族魂体现在"重大义，轻生死"的生死观中；民族魂体现在"国家兴亡，匹夫有责"的使命感中；民族魂体现在"我以我血荐轩辕"的大无畏精神中；民族魂体现在将国家利益置于最高的爱国情怀中!

纵观中华五千年文明史,曾经有多少杰出的政治家、军事家、思想家、文学家、科学家、艺术家;曾经有多少忧国忧民、鞠躬尽瘁的仁人志士;曾经有多少抗击外敌、英勇献身的民族英雄。他们或顺应历史潮流,积极改革弊政,励精图治,治国安邦,施利于民;或为人类进步而不断进行着农业、工业、科技、社会等各种创新;或开发和改造河山,不断创造着灿烂的中华文明;或英勇反击外来侵略,捍卫着国家主权和民族尊严;或坚决反对民族分裂,维护国家的统一……他们从不同的侧面,体现了中华民族的民族魂,谱写了几千年中华文明的壮丽诗篇,铸造了中华民族高尚而坚不可摧的"民族之魂"。

民族魂,就是爱国魂。从屈原在汨罗江边高唱的《离骚》,到文天祥大义凛然赴死前的"人生自古谁无死,留取丹心照汗青"的诗句;从岳飞的岳家军抗击入侵金兵,到郑成功收复台湾;从血雨腥风的鸦片战争,到硝烟弥漫的十四年抗战,再到抗美援朝的隆隆炮声……哪个为国捐躯的英雄不是可歌可泣的?

民族魂,就是奋斗魂。从勾践卧薪尝胆,到司马迁秉笔直书巨著《史记》;从鉴真东渡传播佛法终在第六次成功,到詹天佑自力更生建铁路;从袁隆平百次实验成为"水稻之父",到屠呦呦的青蒿素获得诺贝尔奖……哪个不是历经艰难,最终取得成功?

民族魂,就是改革献身魂。从管仲改革到商鞅变法;从王安石变法到百日维新……哪次变法图强不是要冲破

民族之魂

旧势力的阻挠，或流血牺牲？

民族魂，就是创新魂。古有毕昇发明活字印刷，今有王选计算机照排；古有指南针、造纸术、火药、浑天仪、地动仪的发明，今有神舟号的相继飞天……哪个不是中华民族的智慧结晶？

自古以来，多少仁人志士为了维护人格的尊严和民族气节，以生命为代价！留下了"玉可碎不可污其白，竹可断不可毁其节"的称颂；有多少英雄豪杰，为理想和事业奋斗，面对死亡的威胁，大义凛然；有多少爱国壮士面对侵犯祖国的列强，挺身而出而献出生命。

伟大的中华民族孕育了五千年的辉煌，五千年的历史留下了璀璨的中华文明。

前 言

中国人的血脉流淌着顽强不屈的精神！我们的先辈用血汗和生命铸就了不朽的中华民族魂！换得如今中华大地的一片祥和安宁，换得我们现在的幸福生活。如今，我们要实现习近平主席提出的中国梦，依然需要我们秉承祖辈留下的这种"民族魂"。

青少年是国家的希望，亦是民族的未来。因此，爱国主义教育和励志图强教育要从青少年开始。为了增强对青少年的民族精魂和志向教育，我们精心编写了本套丛书——《民族之魂》丛书。

本套丛书将我国有史以来体现民族精神和民族魂的典型事迹，以通俗易懂的语言故事形式展现出来，适合青少年的阅读水平和欣赏角度。书中提供的人物和事件等故事，涉及社会的各个方面，有利于青少年学习和理解，使读者能全方位地领悟中华民族精神。

为了帮助读者更好地理解和吸收故事的精神，编者在每篇故事后还给出了"心灵感悟"，旨在使故事更能贴近现实社会，让读者结合自身的需要学习领会，引发读者更深入的思考。

希望读者们可以从本套图书中获得教益，通过阅读，真正体会到中华民族之魂所在，同时能汲取其精华，不断提升自己各方面的素质和品格，为祖国新时代的建设和发展做出努力。

全套丛书分类编排，内容详尽，风格独具，是广大读者尤其是青少年爱国励志教育的优秀阅读材料。相信本套丛书一定可以成为青少年朋友的良师益友。

民族之魂

导言

　　宽以待人是中华民族为人处世的传统美德之一。我国历史上有许多诗人、学者用富有哲理的名言佳句赞美宽以待人的道德行为。《庄子·庚桑楚》中有："不能容人者无亲，无亲者尽人"，把"宽以待人"的道理讲得明明白白。明代学者薛宣也说："唯宽可以容人，惟厚可以载物。"这些精辟语言都是告诫人们应以宽容和气的态度待人。能否做到宽以待人，不仅是检验一个人道德修养的尺度，而且是关系到能否搞好人际关系、做好工作、维护家庭和睦和社会安定的一个重要原则。

　　宽以待人是高尚人格的体现。一个人如果能体谅别人，理解别人，不苛求人，不与他人计较，就是一个与人为善、品德高尚的人。相反，一个人如果总是苛求于人，一不如意就睚眦怒视，反唇相讥，就会降低其人格品位。宽以待人是人际交往的桥梁，人都喜欢与厚道的人交朋友。俗语说："腹中天地阔，常有渡船人""水至清则无鱼，人至察则无徒"。一个人如果总是看别人的短处，不见别人的长处，看谁都有毛病，看谁都不顺眼，那他只能是孤家寡人了。

　　宽以待人有助于人际关系的和谐，有很大的道德感召力。它能给人以温暖、感化和醒悟，能缓解人与人之间的矛盾冲突，甚至化干戈为玉帛。宽以待人并不是对有错误的人不批评，而是要正确地对待有过错的人，而且对待有过错之人本着与人为善的态度，帮助其克服缺点、错误。正如一位哲人所说："一个宽宏大量的人，对自己伴侣和亲友的不足，以爱心劝慰，述之以理，动之以情，使听者动心、拥护、遵从，这样，他们之间就不会存在感情上的隔阂、行动上的对立及心理上的怨恨。"

　　人与人之间贵在和谐，如果总是谴责别人的小过失，揭发别人的隐私，念念不忘别人的旧恶，将使我们的心胸变得狭小，更容易使自己与别人相处时潜藏危机，为自己树立更多的敌人。相反，一个宽恕待人的人，心胸开阔、宽恕仁爱，就能与他人相处时一团和气。没有敌对之人，危机自然也不会降到自己的身上。

　　世界是多样性的，国与国之间经济发展、法律标准、文化传统、历史背景、生活习惯、价值观念、社会性质等方面都有所不同，彼此之间应当求同存异、以诚相待、宽厚大度、尊重包容，从而达到和平共处的目的。如果把国与国之间的差异看成是异端，以强欺弱或钩心斗角，那么世界就不会安宁，国际环境也会失去平衡。

　　本书中，我们精心选编了一些体现"宽以待人"精神的经典故事，希望读者通过阅读此书，可以更深刻地理解它的内涵意义，并从中有所感悟。在自己的日常生活和学习工作中，能够以他们为楷模，做到真诚秉直、与人为善、宽以待人，不断地完善自我。

目录
CONTENTS

第一篇
待人以善显真心

子思劝卫侯宽爱

子思（公元前483—前402），战国初期鲁国人，儒家的主要代表之一，有"述圣"之称。孔子的嫡孙，孔鲤的儿子，孟子曾就学于其弟子。曾受业于曾子，出仕于鲁穆公，传说四书之一的《中庸》为他所作，但此说难以证实。而他所著的《子思》一书已经失传。

子思为孔子的嫡孙，颇有其祖父遗风，曾师从曾子。

子思对卫侯说："苟变是大将之才，可堪重用。"

卫侯回答说："是的。我也知道他有大将的才能，是个好将领，但他曾经以权谋私，我不喜欢他。"

子思说："我认为，为人君的应该宽以待人，尤其是对有才干的人，更应当取其所长，弃其所短。我听说，贤明的君主用人，就如同木匠选用木材一样，比如像一棵很粗的大树，不能因为它有一小块腐烂的地方就把它扔掉。特别是现在正处于战乱不息的年代，您应当选择那些有真才实学，能执干戈来捍卫国家的武将来充实国家的力量。再说了，人总是会变的，现在的苟变或许已今非昔比了。"

卫侯听完，思考了一会儿说："您说得很对，我得到您的指教，今后一定以仁厚服众心。"

□故事感悟

子思谏卫侯以"仁厚""宽爱"去对待手下大将，这样，卫侯就可以招揽到更多的贤能之才来治理国家，使国家繁荣富强起来。

□史海撷英

子思的"修道之谓教"思想

子思提出了"修道之谓教"的思想。这里所说的"教"，指的是实现中和之道的根本途径。子思认为，将礼法的规范系统作为一种制度系统，作为一种社会伦理制度，加以社会权威化，从而使之成为一种人人都要遵守而不能有所违犯的普遍社会制约规律，这就是人类最主要的"修道"。在这个基础上，派生出来的"修道"环节为：其一，设立规范的社会制度，从政治上集中体现出一定的社会伦理；其二，辅以各种形式，制定出体现人类社会遗传的教育制度。

□文苑拾萃

《子思》

《子思》是战国时期著名思想家子思所著的一部儒学经典。可惜的是，该书自秦代以来便已亡佚，《子思》中的著作也散见于《阙里志》《韩非子》《意林》《说苑》《文选注》《中论》《吕氏春秋》等。在《汉书·艺文志》中，曾提到《子思》23篇。

《子思》是一部十分富有思辨色彩的儒家著作。虽然它出自于子思及其门徒之手，但后人对其内容却有所增减。

　　《子思》一书中的内容及思想，与孔子的哲学思想体系是一脉相承的：孔子哲学的出发点是人道，即天道思维与存在的同一性，而本源于天道的本体论在《子思》一书中也表现为天道与人性的统一，从而表现为人的中和之道。这也是子思阐述和发展孔子哲学思想的主要理论体系。

汉章帝施行仁政

郭躬（1—94），字仲孙。东汉官员。颍川阳翟（今河南禹县）人。其父郭弘有审理刑事案件30年的经验，执法公平。郭躬年少时继承父业，讲授法律，有几百名学生。后来做了郡吏，被公府征召，他主张审案定刑应从宽从轻。汉章帝元和三年（86年）官至廷尉，曾经上奏请求修改法律四十一条，都是将重刑改为轻刑，为朝廷所采纳。永元六年（94年），在任上去世。

陈宠（？—106年），东汉时期沛国浍县（今安徽固镇县）人。初为州郡吏，后辟司徒府，掌狱讼，断案公平。迁至尚书，上书要求去除苛捐杂税，被汉章帝采纳。和帝初出为太山、广汉太守，又历官廷尉、司空等。在职不徇私情，常断难案，并兼通经学，号为任职相。

汉章帝刘炟在3岁时被立为太子，18岁时继承皇位，在位的时间只有13年，仅仅30岁便去世了。然而，他统治期间，却是东汉时期政治上的一个重要转折点。

东汉时期，光武帝、汉明帝虽然都称自己为儒家学徒，然而在施政方针上，他们采用的依然是传统上的"霸王"政策，强调司法审判对于敢于挑战皇权的政治力量的打击力度，防止一些既得利益集团不再服从皇权，甚至与皇权相互争夺利益。

然而，刘炟由于生活在太平时期，所以自幼就宽容淡然，喜好儒术。登上皇位之后，他的儒学风度依然没有改变，在诏书中也总要引经据典。

在登上皇位的第五年，章帝刘炟便召集儒家学者在白虎观举行大会，自己亲自出席，并为儒家各派学者的观点下定论，确定了儒家"五经"（《诗》《书》《礼》《易》《春秋》）的官方解释文本。

汉章帝在位期间，大力实施司法改革，宣布禁止酷刑，还废除了"妖恶"的罪名。同时，他还放弃了光武帝以来的一些既定方针。在登上皇位的第四年，章帝就宣布给自己的三个舅舅封侯。最终，章帝的提议遭到了马太后的反对，三个舅舅也都力辞，连自己的官职也都辞掉了。

其实，汉章帝这样做的真实目的，是要为窦皇后家族参与政治铺平道路。不久以后，窦氏子弟果然逐渐进入朝廷的各个部门，成为新的外戚集团。当汉章帝去世后，其子刘肇（史称汉和帝）即位，窦太后及其兄弟窦宪便实际上掌握了政权。后来，汉和帝为了与窦氏外戚集团争权，扶植起了宦官集团，形成了新的势力集团，汉朝的政治局面也为之改变。

事实上，汉章帝时期所实施的一系列法制变革以及司法指导性原则发生的变化，与儒家官员的推动是有很大关系的，其中最著名的就是郭躬与陈宠。

郭家是一个世代为官的家族。郭躬的父亲以学习"小杜律"而闻名，曾掌管司法审判30余年。郭躬自幼就跟随父亲一起学习，后来又代替父亲在家中开讲律学，学徒多达数百余人。此后，郭躬又到地方政府任职，也以明习法律而知名。

汉章帝元和三年（86年），汉章帝将郭躬这位博学多识的律学专家提拔为掌管朝廷司法审判的廷尉。

郭躬一上任，首先就向汉章帝指出了现行法律中有41条是完全可以改为从轻处理的。汉章帝听后很高兴，迅速批准了郭躬的奏章，将这项立法建议编为正式法令。

第二年，汉章帝改年号，将元和四年改为章和元年（87年）。按照汉朝的惯例，每次改元都要颁布大赦令，这次当然也不例外。朝廷发出的赦令规定：天下所有在押囚犯，只要是在四月丙子这一天以前关押的，一律减等处罚；死罪的也全部减一等，无须执行原有的减死一等必须要笞刑的处罚，而是改为押送到边境地区的金城驻守。

然而，这次赦令却漏掉了犯罪未发觉，以及犯罪被发觉后逃亡而未抓获的罪犯是否同样减罪等处罚的文字。郭躬及时地发现了赦令中的这一漏洞，并向汉章帝写了密封报告。

汉章帝看到郭躬的奏章后，立即下令补发了赦令。

郭躬担任廷尉之后，在审判及参与立法时，都是力求重视生命，减少酷刑。他担任廷尉共9年，一直到病逝。郭躬去世后，他的子孙又继续家传律学，并且不断补充到各级司法部门为官。至东汉灭亡时，颍川郭氏家族共出7位廷尉，其中一人封侯爵，一人封公爵，担任地方或朝廷2000石级别官员的就有20多人，还有更多的人在廷尉府或御史部门从事司法审判工作。

汉章帝时期，章帝重用的另一位宠臣陈宠，也与郭躬一样，是一位家学渊源的律学家。

陈宠的曾祖父陈咸在西汉时期就因律学专长而担任皇帝的尚书。后来王莽专权，乱改汉朝制度，陈咸就告病归乡，同时将自己3个做官的儿子也都招了回来，隐居在家，并将汉朝的法律文书藏在墙壁里全部保存起来。

到了东汉时期，陈宠学有所成后，最初在家乡担任郡吏，后来又被人推荐到朝廷司徒（即丞相）府担任官职。

当时，朝廷三公府职员的风气是崇尚交游，不愿勤勉做事，而陈宠却与这些人的做法恰恰相反。他勤恳做事，还时常向司徒鲍昱提出一些有益的建议，深得鲍昱的欣赏。后来，鲍昱将陈宠转派到"辞曹"，管理各地上报到司徒府的诉讼案件。

与廷尉主办刑事案件不同的是，司徒府接到的诉讼案件大部分都属于民事财产纠纷。而陈宠在处理案件过程中，总是能令当事人满意，因而也博得了众人的好评。

司徒府受理的诉讼往往都很复杂，甚至会牵连到几十年前的案件。这样一来，一些怀有私心的官吏便在办案过程中任意轻重。

陈宠在任职期间，将一些典型的案例进行分类，并将其编成7卷，名为《辞讼比》，以便自己在处理案件时能够随时掌握。后来经司徒报告皇帝批准，《辞讼比》成为司徒府断案的标准。

汉章帝即位以后，任命陈宠为尚书。以前，尚书台属于皇帝的小"秘书班子"。从西汉末年开始，尚书台的地位变得越来越重要，成为协助皇帝决策、处理重大政事的机构。而陈宠认为，东汉朝廷依然沿袭了"前世苛俗"，也就是过度依靠重刑处罚来维持中央统治，这样是不恰当的。因此，陈宠在被任命为尚书不久，便向汉章帝上书，建议改革这些严酷的刑罚，实施"仁政"，"以济众生发扬至德，以符合上天心意"。

汉章帝对陈宠的提议十分欣赏，于是在处理案件时也开始以宽厚为本，并下诏限制刑讯的使用，刑讯方式也只有"榜笞、站立"等，禁止其他严酷的刑罚。另外，章帝还废除了"妖言恶语"之类的苛刻罪名50余条。

汉朝时期曾有过这样的规定：各地在上报死刑案件时，以最后一个冬月（农历十二月）为截止期。后来，汉章帝把这个截止期限改为冬十月。

元和二年（85年），全国发生大旱灾，这时有些大臣上书，认为之所以发生旱灾，就是由于将死刑案件的上报期改到十月份所致，使得阴气微弱，阳气早泄，旱情发生。

汉章帝接到这个上书后，拿不定主意，就把这件事交付公卿大臣讨论。

这时陈宠上奏，他引经据典，并且还反驳说："在改动死刑上报期限之前，全国各地也时常发生水旱灾害，这就说明水旱灾害的发生另有原因，并不是改死刑案件上报期限所致。"

陈宠的辩护得到了汉章帝的支持，于是这项规定便没有再改动。

汉和帝即位后，对陈宠的意见也十分尊崇。

汉朝的法律沿袭的是秦律，经过300多年的发展，条文繁琐冗杂。为此，陈宠打算对汉律进行全面的清理和改革，其理论依据是：应按照儒家经典《尚书·吕刑》里所记载的西周法律条文数量进行精简。

陈宠认为，如今的律令中，死罪有610种，耐罪（剃光罪犯的胡须并服苦役）有1698条，赎罪以下有2681条，总数超过了《吕刑》中的1989条，而死刑更是超过了410条，耐罪超出了1500条。因此建议：由三公、廷尉一起讨论，对律令进行整体的清理，使之"应经合义"。

不过，这个变革还未付诸实施，陈宠就因被诬告而被逮捕入狱了。汉和帝对他很宽容，下诏对其免予刑罚，还是拜他为尚书。几年后，汉和帝又拜他为司空（即原来的御史大夫），陈宠至此也登上了"三公"的位置。

■故事感悟

汉章帝与郭躬、陈宠制订的这些轻刑政策，是心怀百姓的表现，因此汉章帝也赢得了天下人的尊重。施行仁政，宽待天下，才能使国家安定平和，使社会稳步向前。

■史海撷英

陈宠奏请执法标准

汉章帝在位初期，陈宠奏请"荡涤烦苛之法"，禁止在审讯犯人时实行严刑拷问，滥用酷刑。章帝采纳了陈宠的奏请，下诏废除"妖恶之禁""文致之请谳"，并禁止使用钻等残酷的刑具拷问犯人。

汉和帝永元六年（94年），陈宠在任廷尉之时，开始整理西汉以来所制定的各项法律，随后奏请将现有的4989条刑法按《吕刑》标准删减为3000条，后因坐罪未能实施。

■文苑拾萃

古人名诗

（唐）权德舆

藩宣秉戎寄，衡石崇势位。

年纪信不留，弛张良自愧。

樵苏则为惬，瓜李斯可畏。
不顾荣官尊，每陈丰亩利。
家林类岩巇，负郭躬敛积。
忌满宠生嫌，养蒙恬胜智。
疏钟皓月晓，晚景丹霞异。
涧谷永不谖，山梁冀无累。
颇符生肇学，得展禽尚志。
从此直不疑，支离疏世事。

诸葛亮七擒孟获

孟获（生卒年不详），三国时期益州建宁郡（今云南晋宁县东）人，南中一带的豪强。曾加入雍闿的叛军，后投降蜀汉，官至御史中丞。

223年，蜀主刘备在白帝城病死。刘禅即位后，诸葛亮尽心辅佐，并时刻准备北伐中原，重兴汉室。

225年，蜀国南中地区建宁太守雍闿，煽动牂柯太守朱褒、越巂太守高定，和蛮王孟获一起造反，形势十分严峻。为使北伐有一个稳定的后方，诸葛亮亲自率军前去征讨。

诸葛亮用计挑拨叛军之间的关系，使高定杀了雍闿、朱褒，提着两人首级来降。正待出兵，忽报后主差马谡前来犒军。诸葛亮问马谡怎样才能平定南蛮，马谡说蛮人反复无常，必须令其心服才行。诸葛亮觉得这话很有道理。

诸葛亮大败孟获的友军后，又布下伏兵，让王平、关索诱敌。二人假装战败，引孟获入峡谷，再由张嶷、张翼两路追赶，王平、关索回马夹攻。孟获抵挡不住，被魏延生擒活捉。孟获不服，要与诸葛亮再战，若再被擒才服，诸葛亮便放他回去。

众将见诸葛亮放了孟获，进帐问道："孟获乃南蛮渠魁，今天幸亏把他擒住，南方不日即可平定。丞相何故又把他放了？"

"君不闻用兵之道云：'攻心为上，攻城为下；心战为上，兵战为下。'我擒此人，如囊中取物。但重要的不是把他擒住，而是要降服他的心。"诸葛亮笑着说。

孟获在泸水扎寨，请两洞元帅相助，他怕中诸葛亮的计谋，只守不战，想等天热后让蜀军自行退兵。诸葛亮令军士在树林中扎寨以避暑热，又令马岱领兵3000人从沙河口渡河，绕到蛮兵后方，断蛮兵粮草，还招降了两洞元帅作为内应。

孟获坚守泸江天险，以为万无一失，每天饮酒取乐。蜀将马岱半夜偷渡泸水，夺了元帅董荼那的粮草，断绝了夹山粮道，孟获得报大怒，令武士重打董荼那一百大棍。董荼那心怀怨恨，趁孟获大醉，纠集手下将孟获绑来见诸葛亮。诸葛亮让孟获看过蜀营的精兵粮草后，孟获仍是不服，诸葛亮便又将他释回。

孟获对弟弟孟优说："我们已知蜀军军情，你领百余精兵去向诸葛亮献宝，借机杀了诸葛亮。"诸葛亮问马谡是否知道孟获的阴谋，马谡笑着将孟获的阴谋写于纸上。诸葛亮看后大笑，命人在酒内下药，让孟优等蛮人吃喝。

当夜，孟获带3万兵士冲入军中要捉诸葛亮，进帐后才知上当，孟优等蛮兵全部烂醉如泥。魏延、王平、赵云又分兵三路杀来，蛮兵大败，孟获一人逃往泸水。

孟获在泸水被马岱扮成蛮兵的士兵截获，押来见诸葛亮。孟获说这次是弟弟孟优饮酒误事，仍不服气，于是诸葛亮第三次放了他。

孟获为了报仇，借了10万大军来战蜀兵。孟获穿犀皮甲，骑赤毛牛，派士兵赤身裸体，涂着鬼脸，披头散发，像野人般朝蜀营扑来。诸葛亮却下令关闭寨门不战，等待时机。等到蛮兵威势已减，诸葛亮出奇兵夹击，孟获大败，逃到一棵树下，见诸葛亮坐在车上，冲过去便要捉拿，不料却掉入陷坑里反被擒获。孟获仍然不服，诸葛亮又一次放他回去。

孟获躲入秃龙洞求援，银坑洞洞主杨锋感激日前诸葛亮不杀其族人之恩，在秃龙洞捉了孟获，送给诸葛亮。孟获当然不服，要再与诸葛亮于银坑洞决战，诸葛亮又放了他。

孟获在银坑洞召集千余人，又叫妻弟去请能驱赶毒蛇猛兽的木鹿大王助战。正在安排要与蜀军决战之时，蜀军已到洞前。孟获大惊，妻子祝融氏便领兵出战。祝融氏用飞刀伤了蜀将张嶷，活捉了去，又用绊马索绊倒马忠，一起捉了去。第二天，诸葛亮也用计捉了祝融氏，用她换回了张嶷、马忠二将。

孟获要木鹿大王出战。木鹿骑着白象，口念咒语，手里摇着铃铛，赶着一群毒蛇猛兽向蜀军走去。诸葛亮取出早已准备好的木质巨兽，口里喷火，鼻里冒烟，吓退了蛮兵的怪兽，占了孟获的银坑洞。

第二天，诸葛亮正要分兵捉拿孟获，士兵来报，说孟获的妻弟将孟获带来投降，诸葛亮知道是假降，一声令下，将他们全部拿下，并搜出他们身上的兵器。孟获不服，说假如能擒他七次，他才真服，诸葛亮于是又放了他。

孟获又请来乌戈国的藤甲军，与诸葛亮决战。诸葛亮用火烧死了无数蛮兵，孟获第七次被擒，诸葛亮还要再放他，可是孟获却不愿意走了。他感动地流着眼泪说："丞相七擒七纵，且每次都以礼相待，对我真可谓仁至义尽，宽厚至极。我打心眼里敬服，从今以后，永不反叛！"

南中地区平定下来，诸葛亮北伐中原就免除了后顾之忧。诸葛亮努力帮助当地的少数民族发展生产，促进了当地的进步。该地区的丰富物产也源源不断地运往内地，为诸葛亮的军事行动提供了支持。尤其是南中少数民族战士组成的"飞虎军"英勇善战，在北伐战争中立下了很大的功劳。

■故事感悟

诸葛亮深谙治国安民之道，为使南中地区从根本上稳定下来，他努力使叛乱的少数民族"心服"，将其化敌为友。最终，他以宽广的心胸换来了首领孟获对汉室的耿耿忠心，从而有力地促进了北伐大业。

■史海撷英

诸葛亮兴修水利

三国时期，诸葛亮曾"踵迹增筑"山河堰等水利工程，如今这些依然是汉中地区灌溉面积最大的水利工程。据考证，山河堰现在仍灌褒城田8000余亩，灌南郑县田3.06万余亩，灌酒县7000余亩，共4.6万余亩。

汉中地区的六大名池至今也依然在利用。据调查统计，整个汉中地区至今还保留着有汉以来的古堰70多处，一些堰渠经过历代的使用维修，一直沿用至今。同时，各地在继承古代开发利用水利资源经验的基础上，不断增修了大批塘、库、陂池等水利设施。

■文苑拾萃

蜀相

（唐）杜甫

丞相祠堂何处寻，锦官城外柏森森。
映阶碧草自春色，隔叶黄鹂空好音。
三顾频烦天下计，两朝开济老臣心。
出师未捷身先死，长使英雄泪满襟。

成吉思汗宽容札木合

成吉思汗（1162—1227），名铁木真。蒙古族，蒙古乞颜（起延）部人。大蒙古国（蒙古帝国）的奠基者、大蒙古国皇帝、政治家、军事统帅。

札木合与铁木真两人从小就朝夕相处。由于惺惺相惜，两个人便结拜为兄弟。

札木合是札答阑部人，札答阑人与蒙古乞颜人本都属于蒙古人，但札答阑人却被看作"异族人"，身份卑贱，遭人鄙视。铁木真则是血统纯正的"黄金家族"后代，是俺巴孩大汗的嫡亲曾孙，因此是草原上地位至尊的贵族。

尽管出身卑微，但札木合却是个很骄傲的人，也是一个有实力、有资本骄傲的人。他白手起家，凭借着自己高超的才能，一手打出了属于自己的天下，最终成为远近闻名的草原雄鹰。

札木合的武艺、智慧和才能在当时的草原上都是极其罕见的。不仅如此，他还有着远大的理想抱负——统一蒙古各部，成为一代可汗。事实证明，他也是有能力做到这些的，因为他比铁木真成名早，实力也比铁木真强。20多岁时，札木合就已经成为三军统帅，率领着草原上的4万铁骑，协助铁木真从蔑儿乞人手里夺回妻子。同时，他还信守着结义的承诺，每当铁木真遇到危急情况时，他都会挺身而出，帮助铁木真渡过难关。按理说，札木合应该能够成为无可争议的草原霸主。

可事实却出乎札木合的意料。在他帮助铁木真夺回妻子、渡过危机之后，在他取得了那么多辉煌的胜利之后，却并没有获得人们的敬仰与拥戴。按照蒙古人的规矩，作战胜利后会举行祭祀祖先的活动，而祭祀活动则由取得胜利的部落首领主持。在祭奠俺巴孩汗的仪式上，曾经在札木合指挥下作战的人们，毫无争议地一致推举铁木真来主持祭祀，没有人推举札木合！

这时的札木合才如梦初醒，他那根敏感的自卑神经也被猛烈地刺痛了。远大的理想似乎不久就能实现，难道就这样被天生的高贵血统化为乌有吗？札木合不服气，他要证明给世人看，札答阑人也能成为大草原的主人！

这种不可遏制的冲动和无法熄灭的怒火使札木合逐渐丧失了理智。他背弃了结拜的诺言，与铁木真反目成仇。为了打败铁木真，札木合甚至采用了很多卑劣的手段，一次次地挑拨铁木真的属下背叛铁木真，甚至派人到铁木真儿子们的毡房，诬蔑铁木真长子术赤是铁木真的妻子被蔑儿乞人抢走后生下的野种，以此来挑起铁木真儿子们之间的争斗。

札木合的这些做法不但没有令他成功，反而遭到越来越多人的鄙夷和憎恨，他的名声也在草原上日益狼藉。而此时的铁木真，羽翼已渐渐丰满，声名也已远播，正在草原上招贤纳士、纵横捭阖。于是，越来越多有才能的人都投奔到铁木真的麾下，追随他南征北战。其中，有很多人就曾是札木合昔日的下属。

铁木真的实力日益增强，札木合却一天天众叛亲离。十三翼之战，铁木真终于把握先机，这令札木合更忍无可忍。于是，他更加失去理智，甚至变得残酷无情。铁木真对所有的俘虏都宽容对待，把他们当成是自己的士兵和子民；而札木合的做法却恰恰相反，他把捉来的俘虏全都扔进锅里活活煮死，自己则从容自若地坐在一边喝着奶酒，仿佛在享受着打败铁木真的快感。

十三翼之战以后，铁木真开始转守为攻，而札木合则节节败退，先是逃到了克烈部，不久后又逃到乃蛮部，身边也只剩下了几十个残兵败将。此时的札木合已经被失败折磨得痛苦不已，动不动就对身边的残兵拳脚相加。而相比之下，当年铁木真在战败时，身边也只有几十个人。没有吃的喝的，他们就在一起吃生的野马肉，喝浑浊的湖水。铁木真还曾面对众人向天起誓——今日同饮湖水者，将来共享天下！

终于，不堪忍受札木合虐待的残兵趁他睡觉时将他捆绑住，然后把札木合送到了铁木真那里。札木合终于一败涂地，成了昔日好兄弟的阶下囚；铁木真也终于统一草原，成为一代天骄成吉思汗。

面对昔日三次结拜的兄弟，铁木真的心情很复杂。毕竟这是自己幼年时期的知己、青年时期的挚交，毕竟札木合曾经帮助自己夺回了妻子、战胜了敌人，毕竟札木合曾经也是马背上的英雄、草原上的骄子，铁木真实在不忍心杀死札木合。

那天晚上，两个人像许多年前一样，一起坐在毡房里喝酒聊天，喝了一个通宵，一起开心地笑、痛快地哭。

铁木真真诚地邀请札木合留在自己身边，对过去的恩怨一笔勾销，可是札木合拒绝了，他无法接受自己的失败。最终，札木合走出大帐，从容地面对死亡，他的生命也留在了广阔无边的草原上，他的灵魂被安放在了高高的不尔罕山，永远守卫着铁木真的辽阔疆土，注视着安达的万里江山。

札木合死后，铁木真大病一场。争斗了20年，最终他胜利了，可这场胜利带给他的却没有丝毫的满足。

■故事感悟

男儿赤诚之心，天地可鉴，手足之情更是永远不可磨灭的！铁木真以宽广之心对待曾经几度因嫉妒之心陷害他的结拜兄弟札木合，这种宽宏之气度让我们折服！我们也要以札木合那种嫉妒贤能的行为为戒，万不可滋生妒忌之心。

■史海撷英

十三翼之战

十三翼之战是铁木真统一蒙古草原各部落时的一次重要战役。

12世纪末期，在铁木真的领导之下，蒙古乞颜部迅速发展壮大起来，这便引起了札答阑部首领札木合的嫉妒和不满。金明昌元年（1190年），札木合以部人劫掠铁木真的马群被射杀为借口，联合泰赤乌部等十三部共3万余人进攻铁木真。铁木真在得到札木合部下亦乞列思人的报告后，迅速集结3万部众，组成了十三个"翼"（"翼"即"营"）迎战札木合。其中，铁木真与母亲诃额仑各分别统领一翼军，其余各翼则由乞颜部的贵族统领。

双方在答兰版朱思（今蒙古温都尔罕西北）展开大战，铁木真在战役中失利，退避于斡难河（今鄂嫩河）上源狭地。打败铁木真后，札木合也领军归还本部。

战后，札木合将俘虏分别用70口大锅煮杀，史称"七十锅惨案"，因而引起了各部的不满，纷纷归心于铁木真。所以，这一战役虽然铁木真战败了，却因祸得福，获得了众多人的支持，军力也得以迅速恢复和壮大。

■ **文苑拾萃**

过成吉思汗驿

（清）袁金铠

成吉思汗地，犹留怪杰踪。
一龙极夭矫，万马昔横冲。
余亦能过此，昔人不可逢。
山川剩陈迹，瞻眺扩诗胸。

孙秀实"雪中送炭"

孙秀实（生卒年不详），元朝大宁（今山西）人。性情刚毅，为人宽厚仁慈，非常喜欢帮助别人。《元史·列传第八十四》有其记载。

我国元朝时以"孝友"而闻名当世的孙秀实，是一位宽厚善良、待人以善的人。

孙秀实的同乡王仲和曾托他做担保，向乡里的富人借钱做生意，后来因为贫穷而无力偿还，竟然丢下年迈的父亲逃走了，从此杳无音讯。

富人虽然相信孙秀实的为人，但因为王仲和连本带利欠下不少，又逃得不知所踪，不得已而向担保人孙秀实讨过好几次债。孙秀实的家人因此埋怨他轻信王仲和，最后落得个被人催债的下场。

孙秀实却不以为然，反而充满同情地说："仲和在外面一定过着不安心的苦日子，还有他家里的老父亲，实在是可怜。我们得经常照看着些，才不辜负同乡的情谊啊！"

于是，孙秀实便隔三差五地去王仲和家，代他探望老父亲，并帮着做些力气活，有时还送些吃穿用具过来。

过了几年，王仲和的父亲思念儿子，生了重病，孙秀实每天送去柴米慰问，王仲和的父亲还是始终提不起劲来，终日以泪洗面。孙秀实可怜王仲和的老父，不顾别人的拦阻，变卖了家里的田产和一些值钱的东西，好不容易才替王仲和偿还了全部欠债。孙秀实取回债契还给王仲和的父亲，又请别人骑着马带上钱，寻找王仲和。过了一个多月，王仲和被找回来了，父子终于团聚，王父的病也一天天好了起来。听说此事的人，无不赞扬孙秀实的为人。

■ 故事感悟

孙秀实不但以宽广之心待同乡，还急人之所急，"雪中送炭"。中国有句俗话，叫"雪里送炭真君子，锦上添花滥小人"，这说明帮助人要帮在别人急难之时，因为那些处于困境中的人更需要别人的抚慰和关心。

■ 史海撷英

儒家文化在元朝的发展

元朝时期，儒家文化的社会地位比宋时有了进一步的提高。在元代，孔子被封为"大成至圣先师文宣王"，其美誉可以说达到无以复加的程度。此外，孟子等历代名儒也都获得了非常崇高的封号。

不仅如此，元朝政府还专门设立了"儒户"阶层，保护当时的知识分子，"愿充生徒者，与免一身杂役"。这在中国历史上尚属首次。

元代的民众普及教育的程度也大大超过了宋代，元朝时书院就达到400余所，州县学校的数量最高时甚至达到24400余所。然而在元朝，儒生也受到了一定的歧视，甚至民间有"九儒十丐"的说法。

任渭长宽容任伯年

任熊（1823—1857），字渭长，一字湘浦，号不舍。清朝末年著名画家，"海派"艺术的代表人物之一。浙江萧山人。其绘画对"海上画派"及中国近现代绘画影响很大，精山水、花鸟、人物画。

任渭长是清代著名的大画家。有一天，他漫步上海街头，看到一个画摊，便不由自主地走上前去。他见画摊上摆的扇面画得不错，便好奇地拿起来鉴赏。这一看，任渭长大吃一惊，原来扇面上的落款竟是自己的名字。任渭长仔细回忆了半天，也记不起自己什么时候画过这样的扇面。他忍不住问小摊主："这些画是谁画的？"

原来，这个小摊主名叫任伯年，从小便迷上了画画。由于父亲死得早，家里很穷，为了谋生，十几岁的他便只身来到上海，靠画扇面、摆画摊赚点钱糊口。

然而，一个穷孩子画的画谁看得上呢？他常常为生计发愁。

有一天，看到两个人为争购任渭长的一幅画而吵得不可开交，小伯年感慨万分："唉，一个人名气大了，画就那么值钱。我费了半天劲，画却没人要，我要是能拜任渭长先生为师就好了。"

可小伯年转念一想："这怎么可能呢？人家任渭长是个大画家，自己只不过是一个穷孩子。"

小伯年再一想："我得想办法多卖些画，一来可以不饿肚皮，二来也可以多买些纸笔颜料，继续学画。我干脆借用一下任渭长的大名吧！唉，都是因为穷，没办法呀。任渭长先生知道我这样做，大概也会原谅我的。"

于是，任伯年怀着忐忑不安的心情，把自己画的落款"任渭长"的扇面摆上了画摊，生意果然好起来了。小伯年原本想等赚点钱就罢手，可没想到，当时任渭长也在上海，又正巧碰上了。

任伯年从未见过任渭长，当然相见不相识了。他见有人问他，便回答说："是任渭长画的。"

"任渭长是你什么人？"

"我叔叔，怎么了？"任伯年盯着面前这个人，一时搞不清他为什么这样问。

"你见过任渭长吗？"

"这……"任伯年一时语塞，又有点恼火地说："你要买就买，不买就算了，何必打破砂锅问到底？"

任渭长看到眼前这个聪明伶俐的孩子，打心眼儿里喜欢。他望着任伯年笑着说："孩子，我就是任渭长。"

"啊？"任伯年一时羞愧得无地自容，连说："我对不起先生，我对不起先生，请先生原谅。"

"孩子，别怕。说实话，为什么要冒名顶替呢？"

"因为……因为仰慕先生的大名。"任伯年觉得这样说欠妥，便老老实实地补充说："因为穷，先生，为了不饿肚子。"

任谓长听了任伯年的回答后，非常同情小伯年的处境。再一看这孩子的画的确画得不错，只是缺少名师指点，他思索了一会儿说："孩子，你愿意跟我学画吗？"

任伯年简直不敢相信自己的耳朵，先生不但不怪罪自己，还愿收自己为徒。他感动得泪流满面，立刻"扑通"一声跪在了任渭长面前，毕恭毕敬地行了拜师礼。

■故事感悟

任渭长不因为任伯年的欺骗而动怒，而是用他宽广的胸怀去善待任伯年，并收他为徒，真是可贵。有时候，在别人做错事情，尤其是触犯了自己利益的时候，我们不妨"换位思考"，也许就会有很大的不同。

■史海撷英

海上画派的中心人物

年轻时期的任渭长曾到杭州、宁波、苏州、镇江等地游历写生，画技大涨。尤其在宁波期间，他得以遇到名士姚燮，在其家"大梅山馆"看书临画，深悟宋人笔法。在姚燮的影响下，任渭长的诗书画作得到了很大的提升。在姚燮家居住时，任渭长曾为姚诗配画作《姚大梅诗意图》120幅，兴酣落笔，两月余始成，成为他生平的杰作之一。

后来任渭长寓居苏州，并经常在上海、苏州一带活动，以卖画为生，最终成为海上画派的中心人物。

所谓海上画派，其实就是在借鉴外来绘画的同时，还十分注重作品的雅俗共赏，从而在传统的基础上开创出的一代新画风，在中国绘画史上占有重要的地位。任渭长就是海上画派"三熊（张熊、任熊、朱熊）四任（任渭长、任阜长、任伯年、任预）"的领袖级人物。

海上画派

"海上画派"简称"海派",中国画流派之一。

海上画派约形成于 19 世纪中叶。当时,上海是近代中国的经济、文化中心,因而也吸引了各地的画家云集沪上,并逐渐形成了"海上画派"。当时寓居在上海的著名画家有虚谷、任熊、任薰、任颐(伯年)、吴昌硕等人,他们大多都是平民出身,靠卖画维持生计,创作题材丰富,画面清新通俗,深受平民阶层的欢迎,与以北京为中心的正统宫廷画派形成了鲜明的对比。

海上画派对中国近现代国画产生了深刻的影响。作为一个地域性的流派,它至今仍然存在(新"海派"),而且兴盛不衰。海上画派代表人物的作品在今天的书画艺术市场上仍然占有很大的比重。

努尔哈赤感召敌人

爱新觉罗·努尔哈赤（1559—1626），后金政权的建立者，为后
金首位可汗。其子爱新觉罗·皇太极称帝后，追尊努尔哈赤为太祖
高皇帝。

清太祖努尔哈赤是清王朝的创造者和奠基人。他以十三副铠甲起
兵，经过数十年的南征北战，最终使满族发展成为一个可以与明王朝抗
衡、最后取而代之的力量。

努尔哈赤的成功有很多原因，但努尔哈赤心胸宽广，善于招揽人才
和利用人才，则是他成功的重要原因。最初起兵统一女真各部时，努尔
哈赤就十分注意争取各部的人才，并能够化敌为友，体现出了广阔的胸
襟，被后人传颂。

明万历十一年（1583年）五月，努尔哈赤团结自己周围的一切
力量，然后以报仇为名，开始对女真各部进行统一战争。当时，女
真各部都是互不统属的，"各部蜂起，皆称王争长，互相残杀，甚
且骨肉相残"。努尔哈赤在刚刚起兵时，就处于各部势力的包围当
中，周围几乎到处都是敌对势力。因此，笼络人心，争取人才，也

是努尔哈赤所面临的首要任务。而此刻，努尔哈赤恰恰体现出了这种襟怀。

万历十二年（1584年）四月的一个夜晚，一名刺客潜入了努尔哈赤的住所，准备对其实施刺杀。努尔哈赤听到窗外有轻微的脚步声，便警觉地站起身，拿起佩刀，准备伏击刺客。这时，一道闪电突然划破了黑暗，努尔哈赤发现刺客正在窗前窥视，于是一个箭步跃上，猛地用刀背将刺客拍倒，然后呼人将刺客抓了起来。

侍卫洛汉赶来后，马上就要斩杀刺客。努尔哈赤却想：杀掉刺客容易，可一旦杀了他就又要重新树敌，这就会不利于自己，不如攻心为上，将其宽恕。于是，他大声喝问："你是不是来盗牛的？"

刺客一听，顺势就回答说自己是来盗牛的。洛汉一听，十分着急地说："胡说八道！他实际是来刺杀主人的。"说完就要杀他。努尔哈赤非常冷静，而且若无其事地说："就是来盗牛的。"于是放走了刺客。

五月的一个深夜，又有一个叫义苏的人潜入努尔哈赤的住宅，准备刺杀努尔哈赤。这一次，努尔哈赤还像上次一样，将刺客捉住，又将其释放。

这两件看似很普通的小事，在当时却产生了巨大的影响。许多人都认为努尔哈赤"深有大度"，因此也都愿意投奔他，这也正是努尔哈赤所期待的结果。不仅如此，即使是那些在战场上面对面厮杀的敌人，努尔哈赤如果认为其为有用之才，他也能够摒弃前嫌，化敌为友，招揽为己所用。

九月，努尔哈赤率领军队攻打翁科洛城，并且亲自登高劲射。就在战斗进行得如火如荼的时候，翁科洛城一位守城的勇士鄂尔果尼藏在暗处向努尔哈赤放了一支冷箭。努尔哈赤没有提防，躲闪不及，结果被射伤了。

努尔哈赤忍痛拔出了带血的箭，继续挥动手臂指挥战斗。就在这时，又有一个名叫罗科的守城战士借着烟雾的掩护，潜到努尔哈赤的近处，一箭射中了努尔哈赤的脖颈。虽然没有射中要害，但箭镞卷如双钩，入肉有一寸多深。箭被拔出之后，血流如注，努尔哈赤痛得昏厥过去。

指挥官受伤，攻城部队只好撤退。努尔哈赤在伤愈之后，再次率兵攻打翁科洛城，并攻陷城池，生擒了上次射伤他的鄂尔果尼和罗科。众人愤怒地要将两人乱箭处死。

然而努尔哈赤十分冷静。他非常钦佩这两位勇士的非凡武功和英勇善战，因此有意收为自己的部下。于是，努尔哈赤对众人说："两敌交锋，志在取胜。他们是为自己的主人射杀我，现在如果能为我所用，不也能为我杀敌吗？如此勇敢之人，临阵死于锋镝，我都感到可惜，何况因为射杀我而被处死呢？"

说罢，努尔哈赤亲自为二人松绑，并对其好言安慰。鄂尔果尼和罗科终于被努尔哈赤的举动感动得热泪盈眶，当即表示愿意归顺努尔哈赤，为其效力。努尔哈赤授二人为牛录额真，各统辖300名壮士。后来，鄂尔果尼和罗科在战斗中都英勇作战，为努尔哈赤的统一事业立了战功。

□故事感悟

努尔哈赤多次不记仇隙，宽恕仇敌，化敌为友，不仅使自己的属下"皆颂大度"，也让他在女真各部获得了好名声，同时也为自己招揽了更多的人才。如此而言，努尔哈赤能以最初弱小的力量而统一女真各部也就不足为怪了。

努尔哈赤称汗

万历十二年（1584年），努尔哈赤率领军队攻打尼堪外兰，最终攻克了图伦城，尼堪外兰逃往鹅尔浑。万历十五年（1587年），努尔哈赤又攻克了鹅尔浑，尼堪外兰无路可走，最终只好逃到明朝的领地。努尔哈赤又请求明朝边吏押还尼堪外兰，并将其处死。

同年，努尔哈赤在"建州老营"的废址上建立城池。天启元年（1621年）迁都辽阳后，该城被称为佛阿拉，即"旧老城"。

1603年，努尔哈赤迁都到赫图阿拉。万历四十四年（1616年），努尔哈赤在赫图阿拉称"覆育列国英明汗"，国号为"金"（史称后金），正式成为后金大汗。此时，努尔哈赤已经统一了大部分的女真部落。万历四十六年（1618年），努尔哈赤认为明朝偏袒女真叶赫部，心生不满，愤然颁布"七大恨"，并正式起兵反明。

刘备戏说许汜改过

刘备（161—223），字玄德。汉族。涿郡涿县（今河北涿州）人。汉中山靖王刘胜的后代，三国时期蜀汉开国皇帝。他为人谦和，礼贤下士，宽以待人，志向远大，知人善用，素以仁德为世人称赞，是三国时期著名的政治家、军事家。221—223年在位。谥号昭烈帝，庙号烈祖，史家又称他为先主。

刘备是三国时期蜀国的创建者。刘备平时不仅喜欢交朋友，还与关羽、张飞结为异姓兄弟，而且他总是非常诚恳地对待身边的朋友。

刘备和许汜两人平时在相处时也是推心置腹，无话不谈。有一天，刘备与荆州刺史刘表闲谈，评论起了当世的著名人物，许汜也在座。当谈到徐州的陈登时，许汜插话说："陈登的文化教养太低，总摆脱不掉一般粗野人的习气。"

刘备听了许汜的话，就惊异地问："你有根据吗？"

"当然有。"许汜说，"前几年他在吕布那里，我去拜访过他，他不但不理人，晚上还自己睡大床，却让我睡在小床上，这是对人的不尊重啊！"

刘备笑了，说："他这样做是对的。"

许汜正要分辩，刘备诚恳地说："你在外面的名气很大，那么人们对你的要求也就高了。现在到处兵荒马乱，老百姓正在遭受痛苦，而你不关心这些，却只打听谁家买肥田，谁家买好屋，尽想得便宜。陈登平时是最看不起这种人的，他怎么能愿意同你讲心里话呢？他让你睡小床，实在算是优待你了。如果换作是我，就让你睡在地上，连小床也不会让你睡的。"

刘表听完，大笑着说："许汜，你还是赶快改掉自己的这个毛病吧。"

许汜感到刘备是在真诚地帮助自己，因此很感激刘备批评人不留情面，并表示一定会改正自己的缺点。

■故事感悟

刘备诚恳地指出了许汜的缺点，并让他应以宽容之心面对生活中的小事，不要过分计较，而应把重心放在关心百姓疾苦上面，其人品由此可见。这也教育我们，对于生活中的小事，应淡然面对，凡事应从大的方面着想。

■史海撷英

亡国之君乐不思蜀

蜀汉灭亡后，后主刘禅移居到魏国的都城洛阳，被封为安乐县公。

有一天，司马昭设宴款待刘禅，并嘱咐在席间演奏蜀国乐曲，以歌舞助兴。蜀汉的旧臣们听到蜀国乐曲，看到蜀国舞蹈，都想起了亡国之痛，个个掩面或低头流泪，唯独刘禅怡然自若，不为悲伤。

司马昭见状，就问刘禅："安乐公是否思念蜀国？"

刘禅答道："此间乐，不思蜀也。"

蜀国旧臣郤正闻听此言，趁上厕所的时机对刘禅说："陛下，下次如果司马昭再问您这件事，您就先注视着宫殿的上方，然后闭上眼睛一阵子，最后再睁开双眼，很认真地说：'先人坟墓，远在蜀地，我没有一天不想念啊！'这样，司马昭就能够让陛下回蜀了。"刘禅听完后，牢记在心。

酒至半酣时，司马昭又问刘禅同样的问题，刘禅赶忙把郤正教他的话说了一遍。司马昭听后，便说："咦，这话怎么像是郤正说的呢？"

刘禅大感惊奇，问："你怎么知道呀？"

司马昭及左右大臣都哈哈大笑。此后，司马昭见刘禅如此愚钝老实，也就不再怀疑他了。刘禅就这样在洛阳安乐地度过了自己的余生。

271年，晋武帝泰始七年，刘禅去世，晋谥刘禅为思公。西晋末年，刘渊起事，国号为汉，追谥刘禅为孝怀皇帝。

□文苑拾萃

街亭失守后的诸葛亮

马谡在街亭失守后，彻底打乱了诸葛亮的部署，使蜀军伐魏丧失了主要的据点。诸葛亮见胜利无望，只好撤回汉中。

诸葛亮对街亭的失守非常痛心，详细追查责任后，发现原来是马谡私自违背部署，导致致命错误。于是，诸葛亮忍痛依法处死了马谡。

诸葛亮与马谡平时交情甚厚。马谡被处死后，诸葛亮亲自为马谡设祭，想起多年与马谡的情谊，不禁泪流满面。诸葛亮认为，王平在街亭时曾经劝阻过马谡，在退兵的时候，又保全了人马，立了大功，应该受到奖励，因此将王平提拔为参军，统率五部兵马。

接着，诸葛亮又上书刘禅，自请处分。

刘禅接到奏章后，不知道该怎样处理这件事才好。有个大臣建议："既然丞相有这个意见，就依着他吧。"于是刘禅下诏，将诸葛亮降级为右将军，代理丞相职务。

　　此后，诸葛亮又两次率军伐魏，并取得了局部的胜利。后主刘禅认为诸葛亮立了新功，便又下诏恢复了诸葛亮的丞相职务。

待人以诚获尊敬

齐桓公拜弑己者为相

齐桓公（？—前643），春秋时期齐国的第十五位国君。姜姓，齐氏，名小白。齐僖公的儿子、齐襄公的弟弟，春秋五霸之首。齐襄公和齐君无知相继死于内乱后，公子小白争位成功，即国君位为齐桓公。桓公任管仲为相，推行改革，实行军政合一、兵民合一的制度，齐国逐渐强盛。齐桓公于公元前681年在甄（今山东鄄城县）召集宋、陈等四国诸侯会盟，成为历史上第一个充当盟主的诸侯。当时，中原华夏各诸侯苦于戎狄等部落的攻击，于是齐桓公打出"尊王攘夷"的旗号，北击山戎，南伐楚国，桓公成为中原霸主，受到周天子赏赐。桓公晚年昏庸，任用易牙、竖刁等小人，最终在内乱中饿死。

公元前686年，齐国爆发内乱，国君齐襄公被杀。齐襄公有两个兄弟，一个名叫公子纠，当时在鲁国；另一个名叫公子小白，当时在莒国。这两个人都有自己的谋士，公子纠的谋士是管仲，公子小白的谋士是他的家臣鲍叔牙。两位公子闻知齐襄公被杀的消息后，都急着赶回去继承君位。

鲁国国君鲁庄公准备亲自护送公子纠回国即位。这时，管仲对鲁庄公说："公子小白在莒国，离齐国很近。要是他先回到齐国就麻烦了，我要先带领一支人马去截杀他。"

管仲的推测很准确，此时公子小白正在莒国的护送下赶回齐国。路上，公子小白正好遇到了管仲。管仲拈弓搭箭就向小白射去，小白大叫一声，倒了下去。

管仲以为公子小白已经被自己射死了，这下不会再有人与公子纠争夺君位了，所以就不紧不慢地护送公子纠回齐国。

管仲做梦也没有预料到，他并没有射中公子小白，射中的只是小白的带钩。小白应声倒下，正是他迷惑管仲的计策。等管仲将公子纠护送到齐国时，小白和鲍叔牙早已从小道赶到了国都临淄，而且小白也已经即位当上了齐国国君，是为齐桓公。

齐桓公即位后，决定拜自己的谋臣鲍叔牙为相，同时照会鲁国，引渡管仲到齐国治罪，以报射杀自己的一箭之仇。然而鲍叔牙却有不同的意见，他认为，齐桓公想要称霸诸侯，必须重用管仲，所以对管仲不但不能治罪，还要请来为相。

齐桓公很气愤地说："管仲用箭射杀我，我与他有不共戴天的仇恨，怎么还能重用他，拜他为相呢？"

鲍叔牙回答说："那个时候都是各为其主，他拿箭射你，其实也正表明他对公子纠的忠心。主公如果要成就大事，为何不能将这些私仇旧怨一笔勾销呢？"

接着，鲍叔牙又诚恳地对桓公说："我有五点不如管仲：对人民宽厚仁爱，使他们能够丰衣足食，我不如他；治理国家能够维护国家尊严，不丧失国家主权，我不如他；团结人民，并使他们心悦诚服，我不如他；根据礼义原则制定政策，使所有人都能共同遵守，我不如他；临阵指挥，使将士勇往直前，我不如他。因此，为了齐国的强盛，应该让管仲为相，我宁愿做副相。"

齐桓公听到这里，茅塞顿开，连忙对鲍叔牙说："那就依您的意见吧，请管仲来齐国任相！"

为了欢迎管仲，齐桓公不仅沐浴更衣，还亲自出城来到郊外迎接。管仲到齐国后，齐桓公立即任命管仲为正相，鲍叔牙为副相。在以后治理国家的大政方针上，更是对管仲言听计从，毕恭毕敬，并亲切地称管仲为"仲父"。

管仲见齐桓公不计旧仇，宽厚待己，便竭忠尽智，帮助齐桓公完善国家管理制度，对内重视发展经济，充盈国力；对外修睦诸侯，共御强敌。很快，齐国国势日强，齐桓公成了诸侯国的盟主。

齐桓公能拜仇人为相，充分表现了他的宽厚和大度。孔子对其十分佩服，称赞桓公说："齐桓公尊重贤才。为了治理天下，竟能做到拜仇人为宰相，将国家大事托付给管仲，真是个了不起的人啊！"

■故事感悟

有无气量，不仅是一个人的气魄、眼力、人格的表现，而且是一个人能否成就大事的关键因素。如果齐桓公缺乏气量，睚眦必报，日后显赫的功绩就会成为镜花水月。

■史海撷英

齐桓公晚年悲剧

齐桓公晚年时期，易牙以厨艺服侍齐桓公。齐桓公对易牙说："我只有蒸婴儿肉还没尝过呀。"于是，易牙就杀掉自己的长子，蒸了肉献给齐桓公吃。

桓公四十一年（公元前645年），管仲重病，桓公问他："群臣中谁可以代你为相？"

管仲说："了解臣下的没有人能比得上君主您的。"

桓公问："易牙怎么样？"

管仲回答说："杀掉孩子来讨好君主，不合人情，不可以。"

桓公又问："开方怎么样？"

管仲回答说："背弃亲人来讨好君主，不合人情，难以亲近。"

桓公再说："竖刁怎么样？"

管仲回答说："把自己阉割来讨好君主，不合人情，难以亲爱。"

管仲死后，齐桓公不听管仲的忠告，重用以上三人，结果导致三人专权。

桓公四十三年（公元前643年），齐桓公重病，五公子（公子无亏、公子昭、公子潘、公子元、公子商人）各率党羽争位。十年冬十月七日，齐桓公被饿死。五公子根本不顾齐桓公的死活，而是互相攻打，齐国一片混乱。桓公的尸体在床上整整放了67天，"身死不葬，虫流出户"。十四日，新立的齐君无亏才将齐桓公收殓下葬。

□ **文苑拾萃**

咏齐桓公

佚 名

不计前嫌用管仲，尊王攘夷齐桓公。
春秋五霸开先河，老马识途沙漠行。
多年征战德为重，解危济困传美名。
但惜临老宠奸佞，身死难葬遗话柄。

晋文公宽宏获密保命

晋文公（公元前697—前628），晋献公之子，姬姓，晋氏，名重耳。春秋时期著名的政治家，晋国国君，在位9年，在赵衰、狐偃、贾佗、先轸、魏武子、介子推等人的辅助下成为春秋五霸之一。

重耳的父亲是晋献公，公子重耳、太子申生、公子夷吾都是献公的儿子。献公的夫人中有位名叫骊姬的，生了个儿子叫奚齐。

骊姬为了让自己的儿子奚齐当上太子，就设计把太子申生、公子重耳和夷吾调出守边。后来，骊姬又在太子申生献给献公的酒肉里放了毒，嫁祸于申生，逼得申生自杀，然后又派人去杀重耳和夷吾。

41岁的重耳为了活命，赶忙与一些大臣出逃，先后到过翟、卫、齐、曹、宋、郑、楚、秦等国。那时的重耳犹如丧家之犬，有时候走投无路，有时候食不果腹，介子推就是在那时割了自己大腿上的肉给重耳吃的。在楚国，楚成王招待重耳，并问他日后拿什么酬谢。重耳说，日后如两国交兵，晋国领兵的如果是我，我就首先退避三舍（90里），后来这话也兑现了。

重耳逃亡的最后一站是秦国，是秦穆公派人把他从楚国接出来的。

重耳逃亡后，骊姬让奚齐当了国君，但奚齐很快就被一些大臣谋杀了。骊姬又立她妹妹的儿子卓子为国君，又被谋杀了，她自己也投水自尽了。于是，夷吾便当了国君，是为晋惠公。

晋惠公残暴好杀，轻诺寡信，忘恩负义，其表现是：凡被怀疑与重耳等公子有关系的大臣皆遭杀戮；为抢君位，曾答应割五城给帮助过他的秦国做酬谢，后来却翻脸不认账；有一年晋国大旱，秦穆公不计前嫌，借给他粮食让百姓度灾荒，可是第二年秦国大旱，向他借粮他却不借。可以说，晋惠公在国内国外都没有人缘。

后来，秦穆公得知重耳在楚国，便派人把他接到秦国。在秦穆公和晋国国内一些大臣的帮助下，只做了几天国君的晋惠公的儿子晋怀公圉被赶下台（出奔高梁），重耳于公元前636年回到晋国做了国君，即晋文公。那时，他已经60多岁了。

重耳刚当国君不几天，大夫狐偃就领着一个名叫勃鞮的人来向他告密。

原来，晋惠公在位时，怕重耳回来夺他的位子，曾派勃鞮去刺杀重耳。勃鞮还十分卖力，比计划提前一天赶到重耳那里，并且一刀断了重耳的衣袖。要不是重耳溜得快，早就没命了。

想到这些往事，重耳生气地对手下说："告诉他，我没有找他算账就算便宜他了，他有什么脸来见我。"

话传出去后，勃鞮笑了："我还以为主公在外奔波了19年，应该熟知世情了，没想到还是老样子，告诉他不要后悔。"

重耳听到这话，仔细一想，从前是各为其主，如今我当了国君，他要效忠我，应该让他尽这份心，可不能意气用事。

"叫他进来。"重耳吩咐道。

勃鞮带来的果然是个重要情报。

原来，重耳做国君之前，很得惠公和怀公信任的两个大夫吕省和御芮一直想除掉重耳，只是因为秦穆公派大兵送重耳回国，二人自知不是秦军的对手，才暂时投降了。现在秦军已回国，二人考虑重耳终究是他们的威胁，于是就联络勃鞮要发动叛乱，杀死重耳另立新君。

勃鞮觉得过去杀重耳是为国君做事，现在重耳做了国君，把他杀了就等于弑君，对国家没有任何好处，就跑来报告了重耳。

晋文公于危急关头得了消息，赶忙称病不朝，逃到秦国避难，同时安排了心腹大臣对付吕、御二人。结果吕、御二人虽然叛乱了，但晋文公却躲得远远的，毫发无损，吕、御二人终被一网打尽。

等事情安定下来后，晋文公回国继续做他的国君，并且学习齐桓公的风格，成就了春秋霸主的事业。

■故事感悟

有些气量不足的君主一旦登上高位后，耻于提起以往那些有辱其威望和名声的往事。但晋文公却颇有气量，不计前嫌，最终在众人的辅佐下成就了一番伟业。

■史海撷英

晋文公退避三舍

重耳在楚国避难时，有一次，楚王设宴招待重耳，两人饮酒叙话。

忽然，楚王问重耳说："有一天如果你回晋国当上国君，怎么报答我呢？"

重耳略一思索，回答说："美女侍从、珍宝丝绸，大王您应有尽有；珍禽羽毛、象牙兽皮，更是楚地的盛产。晋国哪有什么珍奇的物品献给大王呢？"

楚王说："公子谦虚了，话虽这么说，可你总该对我有一些表示吧？"

重耳笑了笑，回答说："要是托您的福，我真的有机会回国当上国君的话，我愿意与贵国友好。假如有一天，晋楚两国发生战争，我一定会命令军队先退避三舍（一舍等于30里）。如果这样还不能得到您的原谅，我再与您交战。"

4年后，重耳果然回到晋国当了国君，成为历史上有名的晋文公。晋国在晋文公的治理下，国势日益强大。

公元前633年，晋文公率领的军队与楚国子玉率领的军队相遇。晋文公为了实践当年自己许下的诺言，下令军队退后90里，驻扎在城濮。楚军见晋军后退，以为对方是害怕自己，马上对其追击。晋军利用楚军骄傲轻敌的弱点，集中兵力，大破楚军，取得了城濮之战的最终胜利。

■ 文苑拾萃

黍 苗

《诗经》

芃芃黍苗，阴雨膏之。
悠悠南行，召伯劳之。
我任我辇，我车我牛。
我行既集，盖云归哉。
我徒我御，我师我旅。
我行既集，盖云归处。
肃肃谢功，召伯营之。
烈烈征师，召伯成之。
原隰既平，泉流既清。
召伯有成，王心则宁。

楚庄王宽宥获猛将保身

楚庄王（？—前591），又称荆庄王，出土的战国楚简文写作臧王。芈姓，熊氏，名旅（一作吕、侣）。郢都（江陵纪南城）人，楚穆王之子。中国春秋时期楚国最有成就的君主，春秋五霸之一。春秋时期，先后有五位君主称霸，其中以楚国的地域最大、人口最多，物产最丰，文化最盛。庄王之前，楚国一直被排除在中原文化之外，楚庄王称霸中原，不仅使楚国强大，威名远扬，也为华夏的统一、民族精神的形成发挥了一定的作用。楚庄王自公元前613年至前591年共在位23年，后世对其多给予较高评价。

春秋战国时期，晋、楚交战，楚国打了一个大胜仗。班师回朝后，楚庄王非常高兴，便命令在后宫摆酒设宴，犒赏打仗有功的将领们。

这一天，后宫大厅里张灯结彩，笙箫齐奏，桌上摆满了美酒佳肴。楚庄王兴致勃勃，诸位将领更是高兴万分，君臣同庆，开怀畅饮。他们从中午一直饮到晚上，上灯时分，大家都已醉意醺醺，楚庄王似觉余兴未尽，命爱妃亲自出来敬酒。

这位妃子是一位绝色的美人，目如秋水，面若桃花，肤如凝脂，腰似杨柳。当她羞答答地敬到一位年轻的将军面前时，突然一阵风起，吹熄了所有的灯盏，大厅里顿时漆黑一团。这位将军酒意正浓，又见妃子实在太美了，竟忍不住伸手捏了一下美妃的皓腕。美妃恨他无礼，顺手拔下了他的帽缨，向楚庄王哭诉去了。

调戏大王的爱妃，这还了得！是要治死罪的。

爱妃满以为大王听完自己的哭诉后会勃然大怒，杀了那位将军为自己出气。那位将军更是恐惧万分。谁知，庄王听后思索了片刻，竟下令暂缓点灯，并让大家都把帽缨摘下。等到灯烛重新点亮时，全场将领的帽缨都没有了，刚才那事也无人知道究竟是哪位将军干的了。

楚庄王为什么要这样做呢？原来春秋时代的礼节规定："臣侍君宴，过三爵非礼也。"这次楚庄王特别高兴，竟打破常规，要他们从午饮到晚，当然每人所饮早已不止三爵了。楚庄王知道酒能乱性，且大家都在兴头上，所以不想追究。由此看来，楚庄王如此宽厚臣下，后来成为中原霸王，也属情理之中了。

第二年，晋、楚又在河南郑州一带摆开了战场。一次战斗中，楚庄王不幸被晋军团团围住，危在旦夕。这时，只见一位年轻的将军奋不顾身，杀出重围，拼着性命把楚庄王救了出来。庄王非常感激他，追问他冒死相救的原因，将军答道："我就是绝缨会上的罪臣，大王宽宥，赦免了小臣。小臣就是肝脑涂地，也难报大王的恩德！"

庄王笑着说："你既然对她有情，我就把她赐给你好了。英雄配美人，也算是回报你的救命大恩了。"

年轻的将军立即叩头谢恩。从此以后，这位年轻的将军打仗更加勇猛了。

□故事感悟

我们应该学习楚庄王，有容人的胸怀，宽以待人。特别是"理"在我们这一方时，更应该像楚庄王一样，懂得理解和包容他人，这就是俗话说的"宰相肚里能撑船"。越有"包容"精神，就越容易获得人心，朋友也会越多。如此以来，追随你的人就越多，人际关系也就越好。

楚庄王问鼎中原

自从庄王三年（公元前611年）起，楚国先后讨伐了庸、麇、宋、舒、陈、郑等国，并都取得了胜利。公元前606年，楚庄王讨伐陆浑（今河南嵩县北），一直打到洛水之边，"观兵于周疆"，在周都洛阳陈兵示威。

楚国的这一举动令周天子大惊失色，马上派王孙满前去慰劳。楚庄王借机询问周鼎的大小轻重，意欲移鼎于楚。相传，九鼎为夏朝时期的大禹所铸，象征着九州，夏、商、周都奉为传国之宝，是天子权力的标志。

王孙满回答说："政德清明，鼎小也重；国君无道，鼎大也轻。周王朝定鼎中原，权力天赐，鼎的轻重不当询问。"

楚庄王听后，傲然地对王孙满说："你不要阻止铸鼎之事，我们楚国只要把折断的钩（一种铜兵器）尖收集起来，就足够铸造九鼎了。"

楚庄王问鼎，大有欲取周王朝天下而代之的意思，结果却遭到了定王使者王孙满态度强硬的斥责。楚庄王虽然口出狂言侮辱周室，但从中也意识到现在称霸中原时机还不成熟，因此只好退出周疆。

庄王十七年（公元前597年）夏，楚庄王又带着楚国部队在邲之战中一举击败晋国，自此楚国强盛一时，不再有敌手。

庄王二十三年（公元前591年），楚庄王去世，在位23年，其子熊审即位，是为楚共王。

题楚庄王庙

（元）孔克学

寝殿萧条枕路岐，丹青剥落野风吹。

夜来庭树鸣高鸟，犹忆当年下令时。

廉颇负荆请罪

蔺相如（生卒年不详），战国时赵国大臣，官至上卿，赵国宦官头目缪贤的家臣，战国时期的政治家。根据《史记·廉颇蔺相如列传》所载，他生平最重要的事迹有完璧归赵、渑池之会这两个。

战国时期，蔺相如原来曾是赵国宦官头目缪贤家的一个门客。后来由于他完璧归赵，立下了大功，被赵王提升为上大夫。

几年以后，秦国出兵攻打赵国。在攻下了石城以后，依然没有停止，而是继续进攻，赵军的两万余人都被歼灭。

在这种形势下，秦王以强凌弱，派人通知赵王，提出要在西河外渑池这个地方与赵王见面会谈。赵王很害怕秦国，对是否要去参加会谈犹豫不决，于是就召集大臣们商议。

蔺相如和廉颇在商议后认为，如果赵王不去参加会谈，就会显得赵国太怯弱，因此还是去比较好。赵王这才决定动身前往，并让蔺相如随行。同时，大将军廉颇又带领军队将赵王送到边界，并做好了时刻抵御秦兵的准备。

赵王与秦王在渑池见面。在宴席间，秦王突然对赵王说："我听说你喜欢弹瑟，现在就请弹一曲给我听吧。"

　　赵王奉命为秦王弹了一曲，秦王命史官记录下来："某年某月某日，秦王与赵王会饮，命令赵王弹瑟。"其实，秦王是想以这样的方式羞辱赵国。

　　蔺相如见此情景，感到非常气愤。于是，他走到秦王面前，对秦王说："赵王听说秦王擅长秦国的打击乐。现在，我奉献瓦盆一只，请大王敲敲瓦盆来助兴吧。"

　　秦王大怒，不肯答应。蔺相如捧着瓦盆再次要求，秦王还是不答应。蔺相如威胁说："现在，我与大王的距离不足五步，大王如果不答应我的要求，我现在就把颈上的血溅到大王身上了！"

　　秦王的侍卫人员见状，立即抽出刀来要杀蔺相如。蔺相如毫不示弱，瞪起眼睛，大声呵斥他们，将这些人吓得连连后退。秦王无奈，只好不情愿地在瓦盆上敲了一下，蔺相如马上叫人记下来，说在渑池会上，秦王给赵王敲瓦盆助兴。

　　在这次渑池会议上，秦王一点儿也没有占到赵王的便宜，而且又得知廉颇在边境上已做好了迎战准备，不敢对赵王再提过分的要求，只好把赵王放回去了。

　　回到赵国后，赵王认为蔺相如在渑池会上立了大功，将蔺相如封为上卿，职位比廉颇还要高。

　　廉颇对此十分不满，他说："我廉颇是赵国的大将，一直以来都是攻无不克，战无不胜，出生入死地为赵国立下大功。蔺相如有什么能耐？他凭着一张嘴一下子就爬到我头上了。哼，我如果在路上碰到他，非要给他个难堪不可！"

　　廉颇的话传到了蔺相如的耳朵里，他想："强横的秦国为什么不敢侵略赵国？就是因为赵国文臣有我，武将有廉颇呀！如果我与廉颇争斗起来，两虎相争，必有一伤，那时秦国就会乘机攻打赵国。还是国家要紧，个人受点委屈有什么呢？"于是，蔺相如就装病不上朝，以避免与廉颇见面。

有一天，蔺相如带着随从外出，远远就看到廉颇的车马过来了。蔺相如赶紧让车夫绕道而行，躲开廉颇。随从见蔺相如这样忍让廉颇，都不服气地说："您的官职比廉将军大，为什么还这样怕他呢？"

蔺相如笑了，问道："你们说，廉将军的威风与秦王的威风相比，谁更威风呢？"

"当然是秦王！"

"是呀！"蔺相如接着说，"秦王那么威风，其他国家都害怕他，可我却敢在秦国的朝廷上责备他。我怎么会怕比秦王威风小的廉颇将军呢？"

随后，蔺相如把自己为了国家利益，应当宽厚、忍让、团结对敌的想法告诉随从，大家都高兴地说："相国的气量真大呀！"

后来，这件事被廉颇知道了，他非常惭愧，于是脱掉上衣，背着荆条，亲自到蔺相如家中去请罪，说："我这个人见识小、气量小，请您不要介意，原谅我吧！"

蔺相如赶紧将廉颇扶起来，从此二人和好如初。在很长一段时间里，秦国都不敢再侵犯赵国。

故事感悟

廉颇负荆请罪，把蔺相如以大局为重的君子气量演绎得淋漓尽致。这是何等的气度和襟怀！宇宙之中地为最大，而大地之上的万象内涵，天能包之。这才是君子气量的典型。

蔺相如完璧归赵

战国时候，赵国得到了一块十分名贵的宝玉，名叫和氏璧。这件事让秦王得知了，他就派使者对赵王说，自己愿用十五座城池来交换和氏璧。

蔺相如奉命带着和氏璧到秦国去交换城池。到了秦国后，蔺相如将和氏璧献给秦王。秦王接过来仔细观看，十分喜爱，可他却绝口不提割城交换的事。蔺相如见状，知道秦王根本就没有用城池换取宝玉的诚意。于是他走上前去，对秦王说："这块和氏璧虽然看起来很完美，可也有一点儿小瑕疵，我来指给大王看。"

秦王一听和氏璧有瑕疵，就赶忙让人把和氏璧交给蔺相如，让他指出来。

蔺相如接过和氏璧，快速地向后退了几步，身体靠在柱子上，然后气冲冲地对秦王说："当初大王差人送信给赵王，说情愿拿十五座城池来换赵国的和氏璧，赵国的大臣们都说：千万不要相信秦国骗人的鬼话。但我不这样想，我说老百姓都讲信义，何况一国的君主呢！于是我说服赵王，带着和氏璧来到秦国。可是现在您只顾看这和氏璧，却对割城的事只字不提！这样看来，大王的确没有用城换璧的诚心，那么我情愿把自己的脑袋和这块宝玉一起撞碎在这根柱子上！"

说着，蔺相如举起和氏璧，面对柱子，就要摔过去。

秦王连忙向蔺相如赔不是，说："大夫不要着急，我说的话怎么会不算数啊！"说着，他就叫人把地图拿来，假惺惺地指着地图说："从这儿到那儿，一共十五座城，都划给赵国。"

蔺相如担心秦王再耍花样，就对秦王说："这块和氏璧是天下有名的宝玉，赵王送它到秦国来时，曾斋戒五天，还在朝廷上举行了隆重的赠送宝玉的仪式。现在，大王如果要接受这块宝玉，也应像赵王一样，斋戒五天，并在朝廷上举行接受宝玉的仪式，这样我才能把宝玉献给您。"

秦王本来不想这样做，但见蔺相如态度坚决，也只好无奈地说："好！那就这么办吧！"

后来，蔺相如在驿站悄悄托人将和氏璧送回了赵国。秦王见蔺相如机智勇敢，是位难得的人才，也没有为难他，便放他回到赵国去了。

■文苑拾萃

蔺相如之墓

蔺相如墓位于陕西省西安市临潼区东 15 公里处，占地面积约 6600 平方米。墓高 15 米，呈方形。

关于蔺相如墓，历史上众说纷纭。据清康熙《临潼县志》记载："相如墓在马崖道上。"清代著名考古学家，陕西巡抚毕沅亦为之树碑曰："赵大夫蔺相如之墓。"

张飞义释严颜获降将

张飞（？—221），字益德，《三国演义》中称翼德。涿郡（今河北省涿州）人，三国时期蜀汉重要将领。曾任别部司马、征虏将军、巴西太守、右将军等，封新亭侯，官至车骑将军、领司隶校尉，进封西乡侯，死后谥为桓侯。在中国传统文化中，张飞以其勇猛、鲁莽、嫉恶如仇的形象而著称，虽然此形象主要来源于小说和戏剧等民间艺术，但已深入人心。

三国时期，蜀国的庞统平定西川，不幸中计身亡。刘备听说庞统死了，大哭不止，最后决定派人到荆州接军师诸葛亮来西川。

诸葛亮接到刘备的书信后，立即调兵，让关羽带领人马驻守荆州，自己和赵云领兵从水陆赶往西川；另外派张飞带一万人马，从陆路过巴州杀向雒城，同时特别叮嘱张飞，不可以抢掠百姓。

张飞带人前往西川，一路上果然很听诸葛亮的话，严格管教士兵，不许士兵骚扰百姓，走汉川路，没几天就到了巴郡城下。

巴郡的守将名叫严颜，是西川著名的战将。虽然严颜已年过花甲，可精力依旧，具有万夫难挡的勇猛。他听说张飞很厉害，就紧闭城门防守，怎么都不肯出来，打算这样耗上一个月，张飞的粮草吃完了，也就自己退走了。同时，他也知道张飞是个脾气暴躁的人，经常发脾气打士兵。如果士兵不安心，还可以乘乱袭击张飞。

张飞性急，一到巴郡马上就到城下讨战。严颜在城头用乱箭将张飞的人马射退，张飞气得乱叫乱跳，每天让士兵在城下叫骂，可严颜就是不出战，一连好几天都这样。

巴郡城的周围都是崇山峻岭，张飞骑马上到山上，看到城中许多老百姓都在来来往往地从城里向城外搬运石头，帮助筑城防守。张飞回到营寨后，闷着头想了半天，突然想出来一个好办法。于是，他就派士兵四处上山打柴，寻找其他入城的道路，而不像前几天那样到城下叫骂了。

严颜守在城里，好几天听不到张飞的叫骂声，感到很疑惑，就派士兵扮做张飞手下打柴的人，混进张飞的大营打探消息，看看张飞究竟在干什么。那一天，这些士兵听张飞说，他们已经找到了一条小路，准备今晚三更趁着月色拔营起寨，绕道经过巴郡。士兵急忙跑回去，把这个消息告诉了严颜。

严颜很高兴，说自己早知道张飞有勇无谋，迟早会忍耐不住的。随后，严颜传令手下，今夜到山中埋伏，等张飞来时一齐杀出来，取了张飞的性命。

天渐渐黑下来，严颜带人悄悄地藏在咽喉要道上。大约到了三更时分，张飞果然亲自在前面带路，后面士兵、车马粮草陆陆续续地走过来了。严颜等张飞走过去，一声令下，命令手下人上前抢夺粮草。

严颜等人刚从隐蔽的地方跳出来，就听见身后铜锣声乱响，一队人马突然杀了出来。严颜回头一看，却是手拿丈八蛇矛枪、跨下骏马的张飞。张飞大声叫道："老贼，我恰好在这里等你！"

严颜丝毫没想到张飞会在自己的身后出现，慌忙转身迎战张飞。在打斗中，张飞故意露了个破绽，严颜一刀砍了过去，张飞一闪身，猛然扑过来，一把抓住严颜勒盔甲的带子，把严颜扯下马，生擒活捉了。

原来，从小路上过去的是一个假扮的张飞，真正的张飞早已埋伏在严颜的身后了。西川兵一见主帅被捉，也都纷纷投降了。

张飞直接攻占了巴郡城，进入城中。在大厅里，张飞命人把严颜带上来，严颜誓死不肯下跪。张飞大声呵斥："大将到了，你竟敢不投降，还自己找死！"

严颜丝毫没有惧怕的样子，泰然地说："侵略我的地方，这里只有断头的将军，没有投降的将军。要杀就杀，要砍就砍，说什么废话！"

张飞见严颜声音雄壮，毫无惧意，不但没有生气，反而高兴起来。他走下来，亲自为严颜松绑，又取来衣服给严颜披上，扶严颜坐在自己刚才坐的位子上，给严颜行了一礼，大声说："早就听闻老将军是位英雄豪杰，张飞刚才言语冒犯，不要见怪。"

严颜一看张飞这样对待他，就同意投降了。

■故事感悟

故事中张飞的"义"，便是一种宽宏的气量。宽宏是一种仁爱的光芒，是对别人的释怀，也是对自己的善待。一个人的胸怀能容下多少人，就能赢得多少人。多一份谅解，多一份宽容，多一份善待，多一份善意，我们身边就会更加和谐，人生也会变得更加精彩。

■史海撷英

张飞救益州

218年，曹操击败张鲁以后，曹营的名将张郃便率军进驻益州的东北部。这里虽然属于益州，然而向来都为张鲁的领地，于是，刘备便任张飞为巴西太守，出兵与张鲁争夺益州，两军对峙时长达50多日。

后来，张飞率领精兵万余人，与张郃的部队交战。由于山道狭窄，前后不能相救，张郃被打得大败，弃马与手下十余人爬山逃往南郑。在这一战役中，张飞不但拓增了刘备的领土，更保住了蜀地的门户，使益州转危为安。

■文苑拾萃

汉车骑将军——张飞

佚名

力斩邓茂黄巾散，鞭挞督邮虎威显。
虎牢关前三百合，无敌温侯心胆寒。
大破徐州占古城，招兵集粮佐炎汉。
当阳巧用疑兵计，曹骑五千皆丧胆。
征虏将军兵入川，江州义释老严颜。
智至成都见兄长，大军安定诸郡县。
计败张郃定汉中，阆中开辟兵屯田。
大汉未兴身先死，车骑千古留遗憾。

周瑜大度巧拒蒋干

周瑜（175—210），字公瑾，人称"美周郎"。庐江郡舒县（今安徽省舒城县）人。东汉末年三国时期著名军事家，东吴势力取得军事成功和割据地位的主要功臣之一。他所指挥的"赤壁之战"，是中国历史上著名的以少胜多的战役，也直接决定了三国时期魏蜀吴三国鼎立的局面。但取得胜利后不久，周瑜便因病逝世，年仅36岁。

周瑜年轻有为，才华出众，而且度量宽宏，志趣高尚。

周瑜的部下中有一位老将，名叫程普。程普因为自己是孙权父辈时的老将，年纪长、资历深，所以不愿屈居周瑜之下，经常在周瑜面前以"老资格"自居，屡次凌辱周瑜，令周瑜难堪。然而，周瑜每次都以国家利益为重，屈己谦让，从来不与程普斤斤计较。

时间长了，程普终于被周瑜非凡的度量所感动，开始亲近推崇周瑜。他还经常对人说："与周公瑾交朋友，就像饮美酒一样，不知不觉之中便已沉醉了。"

后来，魏国的曹操听说周瑜年轻有为，就想通过游说的方式，使周瑜归附自己，为魏国所用。于是，曹操就派出蒋干充当说客，前往东吴去降服周瑜。

蒋干是个仪表不凡的人，在江淮一带以能言善辩而著称。蒋干凭着自己与周瑜的同乡关系，便推说是私下会友来拜见周瑜。

其实，周瑜对蒋干的求见意图心中是十分明白的，可他仍对蒋干以礼相待，亲自出营迎接。

当周瑜见到蒋干时，既热情又坦率地说："你太辛苦了，这次你远涉江湖而来，是替曹操做说客的吧？"

蒋干见自己的意图被周瑜识破，不免心中一惊，但嘴上仍然坚持说："我与你是同乡，中间分别多年，早听说你的美名与功业，现在特来叙叙阔别之情，并来看看你的风雅志趣。你却说我是说客，恐怕是神经过敏了吧！"

周瑜仍然没有生气，而是笑了笑说："我虽然算不上什么有名的乐师，但听到琴声还是能辨别出别人弹的是什么曲子的。"

周瑜始终不以蒋干来游说自己而失礼，亲自为蒋干安排酒宴，给予蒋干热情的接待。宴席后，周瑜便打发蒋干说："正巧我有点机密的事情要办，就请你暂时到馆舍中住几天吧，事完之后，我再来请你。"

三天后，周瑜处理完军务，便来邀请蒋干一同观看营寨及仓库中的军用器物。回到营中宴饮时，周瑜又吩咐侍从将自己的各种服饰、珍奇玩物等拿给蒋干看，并趁机对蒋干说："大丈夫活在世上，遇到知己的明主，就应该亲如骨肉，言听计从，同舟共济，岂能朝秦暮楚，为别人的势力所诱惑呢？现在我的志向已定，就是以前的苏秦、张仪、郦食其这样的游说之士来游说我，我也会拍着他们的脊梁骨，让他们扫兴而归的，又怎么能让你这样的年轻书生说动心呢？"

周瑜的一番话，说得蒋干无言以对，只好强装佯笑。

蒋干这样一位独步江淮的善辩之士，在言辞巧利、举止洒脱、气度非凡的周瑜面前，自认是一筹莫展。回到曹营后，蒋干一再称赞周瑜的度量宽宏，情志高尚，不是任何言辞所能说服得了的，曹操也只好罢了这份心思。

■故事感悟

周瑜用他宽广的度量诠释"团结"的意义，用热情大度和巧妙的言辞拒绝前来劝降的蒋干，可见他为人豁达大度，是个气度不凡的将领。《左传》也记述："君子务大，大者远者。小人务知，小者近者。"

■史海撷英

周瑜打黄盖

三国时期的赤壁之战爆发时，为了引曹操上当，周瑜决定用苦肉计。这时黄盖奋勇当先，在军事会议上假装与周瑜意见不和，甚至出言不逊，大有轻视之意。于是，周瑜便下令将黄盖斩首。由于黄盖曾是有功的老臣，诸将都苦苦为之求情，周瑜便将斩首改为笞刑，将黄盖打得卧床不起。

周瑜和黄盖之间所做的这些事，其实都是做给诈降吴营的蔡中、蔡和看的。于是，阚泽为黄盖给曹操献上诈降书，蔡中、蔡和又恰好将这一假情报传回了曹营，曹操对此深信不疑，以致后来在赤壁大战中遭到惨败。

赤 壁

（南宋）戴复古

千载周公瑾，如其在目前。
英风挥羽扇，烈火破楼船。
白鸟沧波上，黄州赤壁边。
长江醉明月，更忆老坡仙。

孛邈容人不计前嫌

司马德宗（382—419），字德宗。东晋的第十位皇帝，统治时间是从397年到419年，死后谥号安帝。

东晋末年，孛邈原本住在甘肃敦煌一带。后来由于家境贫苦，难以维持生活，便流落到了湖北汉川一带居住。

汉川刺史的助手姜显，凭借自己的权势，经常凌辱欺压孛邈。孛邈无奈，只好默默忍受着。

15年后，即晋安帝义熙九年，孛邈被任命为梁州刺史，镇守汉川地区。这样一来，原来欺压过孛邈的人都十分惊恐，担心遭到报复。姜显更是终日坐卧不安，人们都对姜显说："这回你该倒霉了。以前你总是欺压人家，现在人家来报复你，这可真是罪有应得啊！"

就在孛邈上任的那天，姜显赤着上身，叫人把自己捆绑起来，然后跪在路旁迎候孛邈。孛邈见到姜显后，大吃一惊，连忙说："不要这样！不要这样！"

接着，孛邈走下轿子，亲手为姜显把身上的绳子松开，并安慰姜显说："过去的事已经过去了，今后谁也不要放在心上了。"

说罢，李邈又命人取来衣服送给姜显。姜显见李邈对过去的事一点儿都不忌恨，而且还这样坦然、诚恳，既感动又惭愧。

有人问李邈："过去姜显那样欺负你，你不但不提，怎么还这样对待他呢？难道你还怕他不成？"

李邈说："并不是怕他。我以前借住在这里，失意多年，如果报复姜显，就会有许多人都感到害怕。只要他们知道过去自己的做法不对就行了，何必还要意气用事呢？"

人们听了他的话，都称赞李邈胸怀宽、度量大。

■故事感悟

李邈之所以赢得美誉，是因为他不计前嫌、宽以待人。胸襟宽阔、宽宏大度是一种美德，而我们要做的，也应如孟子所说的那样："江河何以拟心胸？量小失众友，度大集群朋，谨记也！"

■史海撷英

门阀战争与北伐

东晋时期是历史上门阀政治发展的繁荣时期。当时，皇权衰落，司马睿称帝也是依靠南方官僚士族的拥戴。东晋政权刚刚建立时，先后平定了王敦和苏峻的叛乱，统治才日益稳定。门阀大族王、谢、庾、桓四姓，先后支配着王朝的政局。

东晋虽然偏安于江南，历代帝王在位期间都想收复北方的国土。其中，以王、谢、庾、桓四大家族为主的北伐在东晋时期就曾进行过多次。

311年，大将祖逖出兵收复了河北。后来，祖逖由于受到朝廷排斥，不幸忧郁而死，最终未能完成统一大业。在此之后，当权的士族也多标榜北伐，以增加自己的门户威望，其中以桓温的三次北伐最为著名。桓温曾带兵收复了洛阳，进驻关中，进兵河北，然而最终依然没能巩固北伐的成果。

383年，前秦南下伐晋，东晋面临巨大的威胁。在宰相谢安的运筹帷幄之下，谢石、谢玄率北府兵大败前秦军队，取得了淝水之战的决定性胜利。此后，谢安又使其弟进军北方，快速收复了徐、兖、青、司、豫、梁六州，取得了东晋北伐历史上的第一次重大胜利。

此后，南方因外乱威胁解除而爆发内战，孙恩、卢循起兵叛乱，桓玄在内战中获胜，一度篡晋。北府兵将领刘裕起兵镇压了农民军，并通过北伐树立威望，最终取代了东晋。

蒋琬胸怀坦荡

蒋琬（？—246），字公琰。三国时代蜀汉著名的政治家、军事家。零陵湘乡（今湖南省湘乡县）人。蜀汉四英之一。初随刘备入蜀，诸葛亮卒后封大将军，辅佐刘禅，主持朝政，统兵御魏，采取闭关息民政策，国力大增。死后葬于涪城西山，陵墓为著名的三国遗迹。官至大司马、安阳亭侯。

三国时期，蜀国诸葛亮临死时将自己的职位托付给蒋琬，让他辅助国君，行使蜀国军政大权。

诸葛亮是当时的一代才子，智慧能力无人可比。蒋琬接任后，遇到了一些下属的怠慢和不服，蒋琬却不计前嫌，以"宰相肚里能撑船"的态度相待，不计个人得失，时刻以国家利益为重。

当时有一个叫杨戏的下属官吏，为人傲慢，不爱说话，对新上任的尚书令蒋琬也爱搭不理。蒋琬与他说话时，他竟然常常不回答。有人对蒋琬说："你与杨戏说话，他居然敢默不作声。这种犯上的表现，实在太可恶了！"

其实，说话人是想让蒋琬借此惩治一下杨戏，不想蒋琬却不以为然，说道："人的性格各有不同，好比人脸一样，不可能一模一样。有些人当面阿谀奉承，背后却诬蔑诽谤，这种做法才是令人厌恶的行为。那样做还不如默不作声。杨戏不回答我的话，说明他不愿违心地赞同我的观点，但又不敢当面驳斥我，使我难堪，损害我的威信，所以他采取沉默的方式，这种做法能使他心安理得。"

又有一次，督农官杨敏诋毁蒋琬："做事糊涂，实在比不上诸葛亮。"有人将此话告诉蒋琬，并建议蒋琬追究此事。蒋琬却坦然地说："我办事的才能确实比不上诸葛亮，有什么可追究的？"

主管此事的官吏见蒋琬如此大度，便不再追究杨敏的罪责。杨敏说过此话不久，就因其他事被拘入狱，大家担心蒋琬会借此判他死罪。但蒋琬却并未因个人恩怨将杨敏判刑，而是秉公处罚，杨敏也没有受到重责。

□故事感悟

蒋琬面对杨敏的攻击付之一笑，并没有在杨敏犯事时乘机报复，而是不计前嫌，秉公办理，保全了他的性命，这种正直和高风亮节非常值得我们学习。正直是面对一件事情不因自己的喜恶而作出取舍，正直是不为自己的利益驱使而去做不应该做的事情，正直是待人接物所具备的一种高贵的品质。我们从小就应该努力培养自己，使自己始终拥有一颗正直的心。

□史海撷英

蒋琬主持朝政

后主建兴十二年（234年），诸葛亮在军中去世，蒋琬升任尚书令，领益州刺史，迁大将军，录尚书事，主持朝政。

当时，蜀军新丧主帅，朝野上下人心惶惶。蒋琬虽然初理朝政，但却镇定自若，"既无戚容，又无喜色，神守举止，有如平日"，因而民心迅速得到安定。后主延熙元年（238年），蒋琬统帅诸军屯驻汉中、开府，加大司马。

■文苑拾萃

访蒋琬故里读《三国志·蒋琬传》有感

卢 火

地灵涌喷温泉水，人杰萃拔蒋公琰。
莫道西蜀无才继，阿斗出蓝不如蓝。

唐太宗宽容待降将

唐太宗李世民（599—649），唐朝第二位皇帝。626年9月4日—649年7月10日在位，年号贞观。唐朝建立后，李世民受封为秦国公，后又晋封为秦王，后发动玄武门之变杀死自己的兄弟太子李建成、齐王李元吉两人，被立为太子。唐高祖李渊不久被迫让位，李世民即位，是为唐太宗。李世民即帝位以后，积极听取群臣意见，努力学习文治天下，成为中国历史上最著名的政治家与明君之一。唐太宗经过主动消灭群雄割据势力，虚心纳谏，在国内厉行节约，使百姓休养生息，终于使社会出现了国泰民安的局面，开创了唐朝历史及中国历史上著名的贞观之治，为后来的开元盛世奠定了重要的基础。

唐太宗手下最有名的将领尉迟敬德，原来并不是唐太宗的人，而是从刘武周那里降唐的。

从刘武周降唐的那些人并没有忠心归顺唐朝，有许多将领和士兵在跟唐太宗征讨王世充时，都趁机叛唐而去，这也令唐营的人对那些人十分害怕。特别是尉迟敬德这样一个骁勇绝伦的人，如果叛唐而去，对唐朝反而是个很大的威胁。所以，唐太宗手下的人没有告诉唐太宗，就将尉迟敬德囚禁起来。

可是，他们觉得光是将他囚禁也不是办法，只有将他杀了，才会没有后患。但杀他就必须要得到唐太宗的批准才行，于是他们对唐太宗说："原来从刘武周那里降唐的将领都相继叛唐而去，所以我们将他们之中最有能耐的将领尉迟敬德囚禁了。他如果被我们的敌人得到了，我们可不好对付。现在他已经被我们囚禁好几天了，他心里一定非常愤恨。我们认为不如将他杀了，省得留下后患。"

唐太宗一听很惊讶，就说："你们怎么做出这样的事？如果尉迟敬德想叛逃，凭他的能耐，他怎么会落在别人的后面呢？"

于是，太宗立刻派人将尉迟敬德放了，并让人把他带到自己的卧室。等尉迟敬德来了以后，唐太宗拿出一包黄金，送到尉迟敬德手中说："大丈夫应该求志趣相投的人，不必为小小的嫌隙而介意，并且做事也光明正大，鬼鬼祟祟的行为不是大丈夫做的。我明白地告诉你，我是不会相信谗言而加害忠良的，我绝对信任你的为人。假如你一定要离我而去，这点金子就给你做路费，算是我们曾共事过一段时间的情谊吧。"

唐太宗心怀坦荡，尉迟敬德也是英雄识英雄，他没有因此而离开唐太宗，而是做了唐太宗手下最得力的大将，从而演绎了中国历史上一段很精彩的故事。

尉迟敬德在得到唐太宗的赏识后，很快就回报了太宗。唐太宗带领一些骑兵去巡察阵地，看过自己的阵地后，他又登上北邙山魏宣武帝陵，看看王世充那边的情况。这是他打仗取胜的一个很关键的方法。他有一双慧眼，只要一看，他就能从本质上把握住对方的情形，因而也能制定出最佳的破敌方案。

可是，这一次却出了个小小的意外。正当太宗专心致志地察看的时候，没想到王世充却带了一万多士兵猝然而至，并将他们包围起来。更惊险的是，王世充的一员大将已经认出了唐太宗，举着长槊直向唐太宗刺来。

就在这关键的时刻，尉迟敬德看到了。他大喝一声，横着将这员大将刺落下马，保护了唐太宗。然后就像羽翼似的围在李世民的左右，保护着他，带他突破了敌军的包围。后来，尉迟敬德又带领骑兵杀入敌军的阵中，没有人能够抵挡。接着，唐军也来了接应的部队，虽然数量没有敌军多，但仍然将敌军打得大败。王世充因为逃得快，才得以逃脱。

事后，唐太宗对尉迟敬德说："没想到你这么快就报答了我。"然后又赠了许多金银给尉迟敬德，并且更加器重他。

唐高祖李渊举事之时，曾直捣隋朝的首都长安，并取得了胜利。这样一来，关中就成了李渊的天下。李渊也登基做了皇帝，改国号为唐。

然而，关中还有一个厉害的角色薛举。他不服李渊的统治，还时常攻击唐朝的地盘。

薛举在陇西长期跟游牧民族相处，所以养成了强悍勇敢的性格，打起仗来很是勇猛。唐朝的士兵吃了他们许多的苦头，被他们杀掉了不少将士。不将他们解决，唐朝就不可能出关中，统一天下。

消灭薛家军的任务交到了唐太宗的手里。可第一次征讨时，唐太宗就吃了大亏。在那次战争中，唐太宗正好生病，由他手下的将领指挥，可作战谋略还是由唐太宗决定。好在那次战争以后，薛举就死了，由他的儿子薛仁杲做了主人。

薛仁杲做太子时，跟将领们的关系不好，现在做了主人，这种芥蒂依然存在，由此君臣将相离心，增加了他们灭亡的因素。而最主要的原因，还在于唐太宗已经从上次的失败中更加认清了薛军。这次唐太宗再来征讨，已经成竹在胸。

唐太宗的军队来到高栅这个地方，薛仁杲就命令宗罗喉率领精锐部队来拒敌。唐太宗采用坚固营垒不应敌的方略，静待敌人的士气沮丧。

这一策略非常正确。薛军如疯了一样，出来就是伤人的，伤不到人，他们就惶惶不可终日，根本就不思量该怎样破敌。

唐太宗等到敌军有些疲惫之后，就让一部分士兵占领一个高地，并叮嘱他们仍然只坚守不攻击，其策略仍然是消耗薛军的力量。

薛军果然疯狂地去攻击那个高地，但该高地易守难攻，薛军仍然不能得手。等到敌军消耗得差不多了，唐太宗又派出一支部队，在平地上列阵，既为了解除高地的压力，也为了继续消耗敌军。等到列阵的部队跟薛军拼得有些力竭时，唐太宗才亲率精锐骑兵冲向敌阵。薛军连续经过这么长时间的消耗，即使再勇猛，也只有强弩之末的气势，终于抵不住了，只得逃跑。他们逃跑的最佳方向，不用说当然是薛家的都城。

唐太宗立即号召军队全力追击。有人担心这样做可能会遭到薛家都城里的军队攻击，反而会失败。可是唐太宗却说："我为这个问题已经考虑了好几天，我们已经有了破竹之势，这个机会绝对不能失掉。"

他们追到薛家的都城下，薛仁杲也的确将城里的军队准备好了，并在城外列好了阵，准备和唐军决战。可当唐太宗的军队到来之后，他们却不敢趁势攻击，结果让唐太宗从容不迫地选好地址，列好了军阵，严阵以待。

这时，薛仁杲的军队里有一位很勇敢的将军逃到唐太宗这边，薛仁杲害怕了，将部队撤到了城里，准备凭险坚守。然而到了夜里，却不断有将军和士兵逃跑，薛仁杲无奈之下，只得举城投降。

这样一来，唐太宗没费一兵一卒就夺得了薛家的都城，平定了薛家。事后唐太宗告诉将士们，为什么当时在破了宗罗睺后，要及时追击逃跑的士兵？就是怕他们逃到城里去，增加城里的力量，对攻城不利，所以不让战士们休息，连续追击。

在攻破了薛家之后，唐太宗获得薛家万余名精兵和男女民众5万多人。唐太宗却将这些薛家兵分给薛仁杲兄弟和薛家原来的将军去带领，一点儿也不猜疑他们会背叛自己，而且还和他们在一起打猎饮酒。这令薛仁杲他们很感戴唐太宗的恩德，因此没有一个人背叛他，从这里就可以看出唐太宗的宽阔胸怀。

■故事感悟

古人云：自古国家上有宽厚之君，然后为政者得以尽其爱民之术，而良吏兴焉。唐太宗为一代有道明君，不仅表现在他的文韬武略上，更表现在他的胸襟气度上。正因为唐太宗胸襟博大，宽容了尉迟敬德和薛家，也不断壮大了自己的力量。

■史海撷英

唐太宗实行"三重奏"

唐太宗在位期间，认识到人命至重、不可妄杀的道理，因此规定：死刑需要三复奏（外地五复奏），复审批准后才可以行刑。

贞观四年（630年），全国判死刑者仅有29人。贞观六年（632年），全国死刑犯仅390人。唐太宗在审查时，令全部390人回家过年，待来年秋收后再回来复刑，结果390人均准时回来，没有一人逃亡。

初晴落景

（唐）李世民

晚霞聊自怡，初晴弥可喜。
日晃百花色，风动千林翠。
池鱼跃不同，园鸟声还异。
寄言博通者，知予物外志。

狄仁杰宽厚待人

狄仁杰（630—700），字怀英，号德英。唐朝武周时著名宰相，刚正廉明，执法不阿，以身护法。任大理寺丞，一年中判决大量积压案件，涉及到一万七千人，无一冤诉者。先后举荐了张柬之、桓彦范、敬晖、窦怀贞及姚崇等数十位干练的官员，皆为唐朝中兴之臣，朝中政风为之一变。狄仁杰甚至敢于犯颜直谏，力劝武则天续立唐嗣，唐祚得以维系。他一生上承贞观之治、下启开元盛世的武则天时代，为国贡献卓著。

狄仁杰是唐朝时期的一位著名大臣，他待人处世宽厚、忍让，因而深得下属与民众的爱戴。

有一次，武则天派宰相张光辅前往汝南，去镇压在那里造反的李贞。由于当地的老百姓也都起义反抗李贞，所以李贞很快就被打败了，全家也都自杀死了。可是，李贞的党羽却有2000多人，且全部被张光辅判了死刑。

当时，狄仁杰正在豫州担任刺史。听了这件事后，狄仁杰连忙给武则天写了一封奏章，说那2000多个李贞的党羽不过是被李贞威胁，根本就不是存心造反。如果把他们全部杀死，实在是冤枉，也未免太残忍了，因此请求宽免。武则天接受了狄仁杰的建议，将这2000多人都免了死罪，改罚到边境去服役了。

张光辅在平定李贞的叛乱后，自以为立了大功，便纵容自己的士兵到处抢劫，搞得百姓鸡犬不宁。狄仁杰见状，觉得张光辅这样做很不妥当，便向其提出抗议。

为此张光辅心里对狄仁杰很是憎恨，回京后便向武则天进谗言，说狄仁杰的坏话。武则天误信了张光辅的话，将狄仁杰贬到复州去做刺史。但是，狄仁杰毕竟是个很有才能的人，不久武则天便醒悟过来，又将狄仁杰调回了京城。

有一天，武则天问狄仁杰说："你在外面做官，成绩很好，但因为有人在我面前说你的坏话，我一时未察，才把你贬到复州去，你想知道这个说你坏话的人是谁吗？"

狄仁杰笑着回答："如果我有过失，就应该改正；如果没有过失，我的心便已很安乐了，何必要知道说我坏话的人呢？"

■故事感悟

狄仁杰的宽宏大度值得我们去学习。故事也告诉我们：凡事不要过分，都要酌情处理，即使是别人不对，也要宽容。能够以这样的胸怀与态度去对待他人，即可谓宽厚待人了。

■史海撷英

狄仁杰廉洁勤政

武则天在位期间，狄仁杰曾担任国家最高的司法职务，判决积案、疑案，纠正冤案、错案、假案。他任掌管刑法的大理寺丞，到任仅仅一年，便判决了大量的积压案件，涉案人数达一万七千余人，其中没有一个人再上诉申冤的，可见其处事公正。因此，狄仁杰也是我国历史上以廉洁勤政著称的清官之一。

□文苑拾萃

奉和圣制夏日游石淙山

（唐）狄仁杰

宸晖降望金舆转，仙路峥嵘碧涧幽。
羽仗遥临鸾鹤驾，帷宫直坐凤麟洲。
飞泉洒液恒疑雨，密树含凉镇似秋。
老臣预陪悬圃宴，余年方共赤松游。

吕蒙正为人宽宏

吕蒙正(944—1011),字圣功。宋代河南洛阳人。知名大臣,曾三度拜相,赠中书令。有七子出仕:吕从简、吕惟简、吕承简、吕行简、吕务简、吕居简、吕知简。

吕蒙正是宋朝时期的一位颇具重望的著名大臣,宋太宗与宋真宗两代君王都曾起用他为宰相。

吕蒙正为官期间,主张内修政事、结好邻邦、弭兵省财。不仅如此,他还知人善任,敢于直言进谏,赢得了君臣们的钦佩与敬仰。

吕蒙正刚刚为官时,朝廷内有一些人并没有把他放在眼里。有一天上朝时,一位在朝中任职多年的老臣当着众人的面指着吕蒙正说:"这小子也能当参知政事吗?"吕蒙正装作没听见就走了过去。

此时,吕蒙正身旁的同僚都为他感到气愤和不平,要去查问那个官员的名字。吕蒙正急忙上前阻止,说:"不要这样,一旦知道了他的姓名,我就会终身都不能忘记了。这样一来,还不如不知道更好。"

听他这么一说,周围的同僚都十分钦佩他的宽宏大度。

吕蒙正对于一个当面羞辱自己的人能如此宽宏大度,而对于谄媚讨好他的人，却又是严肃婉转地辞谢。

在朝堂中，有一位官员收藏了一面古镜，自称这面镜子可以照到200里以内的东西，所以打算献给吕蒙正，以求与他建立私交。

吕蒙正知道后，笑着说："我的脸也不过只有菜碟那般大小，哪里用得上能照200里的镜子呢？"

还有一次，宋太宗命吕蒙正选出一人出使辽国。吕蒙正觉得一个姓陈的官员最为称职，所以就将这个人的名字呈给宋太宗看，可宋太宗却不同意这个人去。

第二天，太宗问吕蒙正人选好了没有，吕蒙正又把这个人的名字呈上来了，太宗还是不同意。

当第三次问及时，吕蒙正仍然举荐此人，气得太宗把呈上的文书重重地掷到地上，生气地说："你为什么要如此固执呢？"

吕蒙正拾起文书，平静地说："怎么是臣固执呢？明明是陛下对这个人有偏见呀！出使辽国，只有这个人最为称职，其他的人都比不上他。臣怎么敢为了讨好陛下而误了国家大事呢？"

看到吕蒙正这样顶撞皇上，满朝的大臣都为他捏了一把汗。宋太宗气冲冲地走下朝堂后，又回过头来说："罢罢罢，吕蒙正的气量，我不如也，就依你的吧！"

陈姓官员出使辽国后，果然出色地完成了使命。此事传出去后，人们都十分佩服吕蒙正的眼光和气量。

故事感悟

宽容忍让，作为一种美德而受人称颂。孔子说："薄责于人，则远怨矣。"少责怪别人，对别人多谅解，多宽容，这样就可以远离怨恨。古语有云："忍一时风平浪静，退一步海阔天空。"宽容忍让不同于谄媚、屈辱和丧失人格，只有大智慧、大度量的人才能做到。宽容忍让不仅是仁爱的体现，也体现了一个人的修养和高尚品格，更能化祸为福，使自己轻松无忧。

■史海撷英

宋太宗巩固宋朝的措施

宋太宗赵光义即位以后，继续进行始于后周周世宗时期的统一事业，鼓励百姓垦荒，发展农业生产；扩大科举取士的规模，并编纂大型类书；设立考课院、审官院等，加强对官员的考察与选拔；进一步限制节度使的权力，以改变武人当政的局面，确立文官政治。

宋太宗所采取的这些措施顺应了历史的发展潮流，为大宋王朝的稳定与发展作出了重要贡献。

■文苑拾萃

岳阳楼望洞庭

（宋）吕蒙正

八月寒涛溅碧空，片帆悠飏信秋风。
探珠直待骊龙睡，莫遣迷津浩渺中。

狄青大度不计辱骂

狄青（1008—1057），字汉臣。北宋汾州西河（今山西汾阳）人。面有刺字，善骑射。出身贫寒，宋仁宗宝元元年（1038年）为延州指挥使，勇而善谋。在宋夏战争中，他每战皆披头散发，戴铜面具，冲锋陷阵，立下了累累战功。朝廷中尹洙、韩琦、范仲淹等重臣都与他的关系不俗。范仲淹授以《左氏春秋》，狄青因此折节读书，精通兵法，以功升枢密副使。平生前后共历经25次战役，以皇祐五年（1053年）正月十五日夜袭昆仑关的战役最为著名。

北宋时期的武将狄青，是一位有着过人度量的大将。

狄青在定边担任副帅时，有一次宴请韩琦，当时只请了一位军中幕僚刘易先生作陪。刘易是个性情不受拘束、很狂放的书生。席间，有演员作戏助兴，节目里有拿儒生开玩笑的内容，刘易看后勃然大怒，以为是狄青故意安排的节目，拿自己寻开心，当场辱骂狄青。

狄青做官以前曾被黥面，刘易就骂他："你这黥卒好大的胆子！"还有其他不好听的话骂不绝口，甚至把杯盘餐具都扔出去了。

韩琦注意观察狄青当时的态度，他还是宴会开始时平和的样子，没有因为刘易的辱骂而有什么愤然的反应，反而谈笑中更加温和了。第二天，狄青还主动到刘易处拜谢问候。

狄青的度量确实值得敬佩。无论一个人、一个组织如何强大，如果一味地不肯妥协，固然不会让对手得到任何好处，也会使自己失去很多机会。而且，随着这种情况越来越多，他会发现合作之路开始举步维艰，被对手堵住去路，根本原因还在于自己不知妥协的态度。正所谓：争一丈不足，让一寸有余。有时候，与他人妥协，往往是一种大智慧。

狄青罢官

宋朝时期，重文轻武，因此大将狄青在升任为枢密使后，随着军功而升为朝廷的最高武官，朝廷对他的猜忌和疑虑也日益增多。有人称，看见狄家的狗长出角来；又有人称，狄青曾在相国寺内身穿黄袄。

嘉祐元年（1056年）八月，仅做了4年枢密使的狄青后来被贬到陈州任官，最后在"惊疑终日"中郁郁而死，年仅49岁，谥武襄。

狄青墓

狄青墓位于山西省汾阳市城北十里的刘村村东。整座墓地坐北朝南，建有祭祠性建筑显庆寺、狄公祠等，多数建筑均毁于晚清及抗战期间。

　　新中国成立后，狄青墓的陵园已经不复存在，墓丘也被摊平，翁仲、石兽等被就地埋掉。御赐神道碑于清宣统年间移至县城，后又移至太符观保存。

　　现今墓地上还立有一座清宣统元年的"宋狄武襄公之墓"碑，由宋仁宗亲书篆额，碑身高达4.6米，碑文约3000字，简叙了狄青的生平。

王安石做事不挟私怨

王安石（1021—1086），字介甫，号半山。封荆国公，世人又称王荆公。北宋抚州临川人。中国历史上杰出的政治家、文学家、思想家、改革家，北宋丞相、新党领袖。欧阳修称赞王安石："翰林风月三千首，吏部文章二百年。老去自怜心尚在，后来谁与子争先。"有《王临川集》《临川集拾遗》等存世。

吕诲是王安石变法的反对派，病危时写信嘱托司马光为他写墓志铭。司马光也是变法的反对派，而且很敬重吕诲，因而答应了这个嘱托。

在司马光还没写完吕诲的墓志铭时，河南监牧使刘航便自告奋勇愿将此墓志铭书写在石头上，以便镌刻。但等墓志铭完稿之后，刘航一看内容就不敢写了，因为此时在朝主持国政的正是王安石，他怕因此遭到王安石的嫉恨，受到牵连。

刘航的儿子为了成全父亲的"好事"，就代笔将墓志铭刻在石头上。刘航仍然很不安，暗中嘱咐吕诲的孩子们不要拓本，埋到地下就了结了，否则流传出去，让王安石生气，对司马光家、吕诲家和刘航家都不是好事，弄不好会遭大祸。

当时，有一个总想害人的蔡天甲想拿这事向王安石讨好，专门用钱给石刻工人送了重礼，拓出副本送到王安石那里。

谁也没有料到，王安石很喜欢司马光的作品，把这件东西悬挂在房中壁间，并对其门下的文人们说："司马光的文章写得简直像西汉的文章那样好啊！"

■故事感悟

王安石不因政见不同而报复他人，他的气量值得我们学习。生活中处处有矛盾，时时有矛盾，如何处理矛盾也是一门大学问。冤冤相报何时了，以德报怨才最好。正所谓：退一步，海阔天空；忍一时，风平浪静。对于别人的过失，必要的指责无可厚非，但能以博大的胸怀宽容别人，就会让世界变得更精彩。

■文苑拾萃

和邵尧夫见寄

（北宋）吕诲

冥冥鸿羽在云天，邈阻风音已十年。
不谓圣朝求治理，尚容遗逸卧林泉。
羡君自有岁时乐，顾我官闲饱昼眠。
应笑无成三黜后，病衰方始赋归田。

宋太宗宽宏臣僚失礼

宋太宗赵炅（939—997），宋朝的第二位皇帝，北宋开国君主宋太祖赵匡胤的胞弟，本名赵匡义，太祖登基后改称赵光义，即位时又改名赵炅。宋太宗治政有为，不善武功，于太平兴国三年（978年）迫使吴越"纳土"；次年（979年），移师幽州，试图一举收复燕云十六州，在高梁河（今北京西直门外）展开激战，宋军大败，被辽将耶律休哥射伤，乘驴车逃走。太宗两度伐辽均失败，任内曾爆发四川王小波、李顺农民起义。

宋太宗在位期间，有一天，太宗在宫中设宴，让殿前都御孔守正与左骁卫大将军王荣前来陪自己饮酒。君臣三人边饮边聊，气氛很是融洽。

孔守正和王荣两个人很快便喝得酩酊大醉，言谈之间，两人也开始在皇帝面前争论起各自在边境建立的战功来，并且各执己见，不断强调自己所发挥的重要作用，最终争吵起来。

更过分的是，两人居然还在皇帝面前互相破口大骂，污言秽语不堪入耳。这种行为严重违反了宫廷的礼仪，更是冒犯了皇帝的

龙威。

在场一同陪酒的另外几个大臣见二人闹得实在不像话，就赶紧喊来卫士，将二人架到另一个房间去。随后，这些大臣们都纷纷奏请太宗将两人抓起来，送到吏部去治罪。

可是，宋太宗却没有同意大臣们的提议，而是派人把二人各自送回家休息去了。

第二天，孔守正和王荣酒醒后，忽然想起昨日饮酒时在皇帝面前的表现，已经违反了宫廷的律条和礼节。于是，二人连忙一同进宫向皇帝承认罪过，并自请处分。

大臣们没料到的是，宋太宗对此仅是淡淡一笑，说："两位爱卿所说的事情，当时我也已喝醉了酒，大概不比你们醉得轻呀！所以已经记不得有这样的事了。"

宋太宗乃九五之尊，竟然对昨天的事情矢口否认，对孔守正、王荣二人不遵守礼法的行为也不追究，这既让孔守正、王荣感到意外，更对皇上感激涕零。

从那以后，二人誓死忠心报答君王，毕生为国效劳。群臣见太宗如此宽宏大量，爱护臣僚，从内心里也更加佩服和尊敬太宗了。

□故事感悟

适当的时候装糊涂不但是必要的，而且是睿智的。为了不使自己的重臣背负压力，以便更加全心全意为自己、为国家出力，宋太宗以仁厚、睿智和宽容的态度去处理，保住了下属的面子，也维护了君臣的和谐，得到了比严厉处置更有效的回报。真是两全其美啊！

宋太宗与赵德昭

宋太祖有两个儿子：赵德昭与赵德芳。宋太祖去世后，其弟赵光义即位，是为宋太宗。

宋太宗在继位之初，封赵德昭为节度使和郡王。后来太宗征辽时，赵德昭从征幽州。高粱河之战中，宋军大败，宋太宗只身一人逃脱，不知所踪。这时，有人提议立赵德昭为帝。后来太宗平安回来了，这件事也就作罢。

宋军班师回京后，宋太宗因为此次北伐失利，很久都没有赏赐此前平定北汉的将士，将士们难免有些不满。赵德昭便为将士们请赏，认为即使与辽作战失利，还是应赏赐平定北汉有功的将领。太宗听后，不悦地说："那还是等你做了皇帝再赏赐吧。"

此言一出，赵德昭惶恐万分，默然退出。

当时，赵德昭所处地位十分微妙，而叔父的一番话又分明是在怀疑他有篡位之心，日后难全其身。他又想到父母早亡，兄弟二人不得保，满腹心事也无处诉说，顿生短念，回来后不久就自刎身亡了。

逍遥咏

（宋）宋太宗

泥丸本是命根宫，消息临时语话通。
大道比来行气术，其余效验藉阴功。
物情之理皆清净，造化玄微事莫同。
珍重此言深可意，腹中日运鼎花空。

第三篇

待人以宽美品德

公叔痤襟怀坦荡

魏惠王（公元前400—前319），战国时期魏国的第三代君主，在位期间为公元前370年—前319年。原名魏罃或魏婴，魏武侯之子。

公叔痤是战国时期魏国人。魏惠王九年（公元前361年），他领兵与韩、赵联军在浍水的北岸交战，魏国大胜。魏惠王得到捷报后非常高兴，亲自到郊外迎接凯旋的将士。

接着，魏惠王奖赏主帅公叔痤田地100万亩，公叔痤再三谢绝说："这次胜仗是全军将士奋战的结果。将士们团结一致、勇往直前，遇到气焰嚣张的强敌毫不畏惧、退缩，这全是将军吴起留下的好作风。战斗中遇上险阻就前往观察地形，明辨利害得失而采取决策，使全军战士不被敌军迷惑，这是巴宁、爨襄两位将领的功劳。事前有赏罚分明的法令，事后使百姓依令而行，这是大王执法严明的结果。遇见敌人，敲起战鼓指挥将士进攻而不敢倦怠，这才是我做的事啊。大王只赏赐我，这是为什么呢？您认为我有功劳，可我又有什么功劳呢？"

魏惠王听罢，说道："说得好。"于是就找来吴起将军的后代，赏赐他们各 10 万亩田地，巴宁、爨襄两位将领各赏 10 万亩田地。

后来，魏惠王又说："公叔痤的确是位德行高尚的人啊！既为我战胜了强敌，又不忘记贤者的后代，也不埋没有才能的人的功绩。这样的人怎能不加倍赏赐呢？"

■故事感悟

公叔痤的那些话，展现出了他宽厚淳朴的性格。宽厚待人表现的是一种雅量的气质、一种坦荡的襟怀、一种恬然的心境、一种高尚的人格、一种人性的升华。我们要继承和发扬这种中华传统美德。

■史海撷英

公叔痤荐才

公叔痤病倒了，魏惠王亲自到他家中看望，并问及身后之事。公叔痤向魏惠王举荐了自己的家臣公孙鞅，说他虽然年少，但有"奇才"，因此认为可以让此人主持魏国的国政。惠王不置可否。

随后，公叔痤又让左右的人退去，单独向惠王进言说，如果魏惠王不想用公孙鞅的话，就一定要杀掉他，不能让他出境。因为他预感到，像公孙鞅这样的人才，如果被别国起用，对魏国是绝对没有好处的。

惠王走后，公叔痤又马上派人找来公孙鞅，告诉他这件事的原委，说明自己极力推荐他继任相国，但惠王不答允。本着"先君后臣"的原则，公叔痤才建议惠王杀掉他，因此让他赶快逃命。

丙吉宽容车夫

　　丙吉（? —前55），字少卿。鲁国（今山东曲阜）人。西汉政治家，麒麟阁十一功臣之一。

　　西汉汉宣帝在位期间，丙吉担任丞相职位。

　　丙吉有一个车夫，平时很喜欢喝酒。有一天，车夫驾车载着丙吉外出，由于又喝多了酒，就把秽物吐在了车上。主管便痛骂车夫，觉得车夫太没有规矩，并打算辞退他。

　　丙吉说："因为喝醉酒就辞退他，那将来谁还乐意收留他呢？你不要生气，他只不过是把车子上的垫褥弄脏了而已。"就这样，车夫所幸没被辞退。

　　这个车夫的家是边疆一带的，因此经常目睹边疆发生的紧急军务等。有一次外出时，车夫正好看到驿站的兵士手持着红白相间、装有紧急公文的布囊奔驰而过。车夫就偷偷地跟在兵士的后面，终于探听到敌人已攻入云中、代郡等地的消息。

　　车夫回来后，马上把这个消息告诉了丙吉，并说："恐怕敌军入侵的边郡那里，有些驻防官员年纪老且又生病，难以担当抵御入侵的大任。您最好先查看一下。"

丙吉认为车夫说得有道理，于是赶紧召集相关官吏，逐一审查边郡官员。还没等审查完，汉宣帝就召见丞相和御史大夫询问边疆的战事。丙吉对宣帝的问话对答如流，而御史大夫却由于仓促之间无法详知情况，被降职使用。忠于职守的丙吉受到了人们的称赞。

对此，丙吉非常感谢车夫的帮助。而车夫之所以会这样做，也是因为丙吉对他的宽宏大量。

□故事感悟

丙吉的宽厚是我们学习的榜样。宽厚是一种美德，宽容他人，给予他人尊重和信任，也是为自己谋求幸福和快乐；同时，宽容他人，给予他人帮助和友善，也让我们的心灵获得踏实和轻松。

□史海撷英

丙吉问牛

有一次，丙吉在外出时遇到一群人正发生群斗，死伤的人都横陈在路上。丙吉见状却不闻不问，直接就过去了，掾史感到十分奇怪。

又走了一段路，丙吉遇到一个人正在追赶牛，牛气喘急，吐出舌头。丙吉马上停下车子，让随从骑马过去问追牛走了几里了。

掾史觉得更加奇怪：丞相不问群斗而问追牛的事，太不恰当了。因此讥讽丙吉只顾牛不顾人。

丙吉回答说："老百姓斗殴，相互杀伤，这是长安令、京兆尹职责应当禁止、防备和追捕的事，我的职责是年终奏请实行赏罚罢了。宰相不亲自处理小事，不应该在路上过问打架斗殴之类的事。正当春天还不应当很热，害怕牛行走不远却因暑热而喘息，这意味着气候不合节令，担心将会伤害全国百姓，因此才问这件事。"

听了这番话，掾史才心悦诚服，认为丙吉是个注重大事的人。

■文苑拾萃

咏史上·丙吉

（西汉）陈普

污茵驭吏习边方，阿保宫人畏霍光。
丞相马前人蹀血，病牛何足累阴阳。

刘宽为人宽和

刘宽（生卒年不详），字文饶。东汉华阴人。汉桓帝时，征召刘宽授官尚书令，又升为南阳太守，推举掌理三郡。

东汉末年，有一个以宽厚待人而闻名的人，名叫刘宽。

有一天，刘宽驾着自己的牛车外出，牛车慢腾腾地向前行进着。突然，一个人跑过来拉住刘宽的牛车，说："难怪我的牛找不到了，原来是你把我的牛用来拉车了。"

刘宽对这件突如其来的事感到十分奇怪，心想：这么多年我都是用自己的这头牛拉车的，怎么现在这头牛成了他的呢？任凭刘宽怎么解释，那个人都一口咬定这头牛是他的。

刘宽转念一想，这个人丢了牛，现在又急着要用，看来与他争论是没用的。于是，刘宽只好暂时让这人把牛牵走了。

几天后，那个丢牛的人找到了自己的牛，便将刘宽的牛送了回来，然后非常不好意思地向刘宽道歉，说："真是对不起，是我误会了你，随你怎么处罚我都行啊。"

刘宽不但没有处罚这个人，还体谅地对他说："同类动物本来就有长得相似的，有时候难免弄错。现在你很辛苦地把牛帮我送了回来，我还要谢谢你呢。"

刘宽升任太尉后，权势也大了。有一次，刘宽在家中请客，便叫仆人到市上买酒。结果大家在家里坐着等啊等啊，也不见仆人把酒买回来。好久以后，仆人才喝得醉醺醺地回来了。有个客人忍不住骂道："这个仆人，也太不像话了，应该好好地处罚他！"仆人吓得狼狈地走了。

过了一会儿，刘宽特意派人去看望这个仆人，怕他想不开而自杀。

刘宽脾气一向和蔼，对家人和侍从也从不发脾气。他的夫人就故意想惹他发一次脾气，于是在他穿好朝服准备上朝时，叫侍女捧一碗鸡汤给刘宽喝。当侍女把鸡汤端到他面前时，却故意失手，鸡汤全部洒在刘宽的朝服上。侍女赶快揩擦后，低头站在一旁，准备挨骂。只见刘宽不仅没生气，反而关切地问："你的手有没有烫到啊？"

侍女很受感动，夫人也从此更加敬佩丈夫的涵养。

刘宽温和的性情、宽宏的气度一直受到人们的尊敬。

■故事感悟

刘宽所为，为他赢得了更多的好声誉。宽容他人，受益的往往会是自己，这是做人的大度和涵养，是一种积极的生活态度和高尚的道德情操。它不仅体现了人性的仁爱，更体现了一种智慧的技巧。

■史海撷英

忧心如醉

汉灵帝初年，刘宽被拜为太中大夫。汉灵帝颇好学艺，每次召见刘宽，都会令刘宽讲经。刘宽便做出一副喝醉酒的样子，灵帝问："太尉是醉了吗！"

刘宽仰头回答说："臣不敢醉，只是我的职位权重，责任重大，忧心如醉啊。"

灵帝听后，很是感慨。

□**文苑拾萃**

刘宽陵墓

刘宽陵墓又称济北王墓，1995 年发现于山东省济南市长清区归德镇双乳山村。

整个陵墓规模宏大，保存得也比较完整，棺椁未经扰乱，位置迹象清晰，为考古学家全面深入地了解棺椁制度提供了丰富准确的资料和依据。墓葬中相继出土了铜器、玉器、车马器具等 2400 余件，在我国已发掘的历代岩石墓中是很罕见的。

1996 年，刘宽墓的发现被评为"全国十大考古发现"之一。

王充不理小人谗

王充（27—97），字仲任。会稽上虞（今浙江绍兴）人。东汉思想家、文学评论家。著有《讥俗节义》《政务》《论衡》《养性》等书，但只有《论衡》保存下来。近人黄晖撰《论衡校释》30卷，是较为通行的版本。

东汉时期的王充，交朋友时很注意选择。他所结交的朋友，不管是地位低下的还是年纪很小的，只要他们的行为不同于世俗，王充就一定同他们亲近。

王充尤其喜欢跟才能出众的朋友和高雅的人士来往，而不爱广交庸俗之辈。因此，一些庸俗之辈就抓住他的微小过失写匿名帖陷害他，但他始终不去辩白，也不因此而责怪、怨恨那些人。

有的人说："你有很好的才干和奇妙的文章，又是无罪而受陷害，为什么不申辩呢？西汉的羊胜之流，摇唇鼓舌，肆意诽谤，把邹阳下了狱，邹阳上书申辩，结果获得了释放。如果你有完美的品行，那就不应被人损害；既然能替自己申辩，那就更不应该被人冤枉。"

王充回答说："不清洁的东西不会被尘土污染，人站得不高不会被人危害，面积不宽广就不会被削减，装得不满就不会被损耗。小人们就爱这样多嘴多舌，正直的人被陷害，大概也就理所当然了。喜欢升官发财的人才自我表白，害怕丢官的人才自我申辩。我既不想升官发财，也不怕丢官，所以才默不作声。"

■故事感悟

宽容是一种胸怀。人要成大事，就一定要有开阔的胸怀，只有养成了坦然面对、包容一些人和事的习惯，才能取得事业上的成功。我们应该也像王充一样，做人宽厚正直、心中坦荡无私。

■史海撷英

王充"天自然无为"的思想

王充是我国东汉时期著名的哲学家，他认为，天与地都是没有意志的自然的物质实体，宇宙万物的运动变化与事物的生成都是自然无为的结果。他还认为，万物都是由物质性的"气"通过自然运动而生成的，"天地合气，万物自生"。自然界的事物并非上天有意安排，天也不是什么有意志能够降福降祸的神。

■文苑拾萃

《论衡》

《论衡》一书为东汉时期的王充所作，约成书于汉章帝元和三年（86年），现存文章有85篇。

东汉时期，儒家思想传播十分广泛，甚至已经占有了一定的支配地位。

但与春秋战国时期不同的是，此时的儒家思想充满了神秘主义的色彩，还掺进了一些谶纬学说，从而使儒学变成了"儒术"。

王充所作的《论衡》一书，就是批判当时的儒术与神秘主义的谶纬学说。《论衡》中详细地解释了世俗之疑，辨照了是非道理，即以"实"为根据，批判虚妄之言，其目的就是"冀悟迷惑之心，使知虚实之分"（《论衡·对作》篇）。因此，《论衡》也是一部不朽的古代唯物主义哲学文献。

郭林宗宽厚感化人

郭泰（128—169），字林宗。东汉大原郡介休人（今山西介休）。东汉著名学者、思想家及教育家，人称"有道先生"，为东汉太学生领袖。他与春秋时期晋国的介子推以及宋朝宰相文彦博合称为"介休三贤"。

郭林宗，原名郭泰，是我国东汉时期一位享有盛名的官员。郭林宗曾经为朝廷选拔了许多有用的人才，因此受到皇帝的赏识和大臣们的称赞，但他最为人所称道的不是为官的声名，而是他与人为善、心地仁厚的高尚品德。

郭林宗有一位同乡，名叫贾淑。这个人虽然出身于仕宦人家，性情却很凶狠，邻里都厌恶他。郭林宗的母亲去世后，贾淑赶来吊唁。过了一会儿，巨鹿人孙威直也到了。孙威直认为，像郭林宗这样贤德的人不应当接纳贾淑这样的恶人，故而心里有些埋怨，还没进门就离开了。

郭林宗忙追上去向孙威直表示歉意，说："贾淑过去确实凶狠，可现在他已洗心革面，改恶从善了。孔子并不因为同乡这个地方的人难于交谈就拒绝与他们来往，因此我赞许贾淑今天的进步，而不去计较他往日的过失。如果因为一个人曾经作恶就再也不对他加以理会和激励、劝导，那不是等于怂恿他继续作恶吗？我们都应该主动接近和帮助他才是啊！"

孙威直听了这番话，对郭林宗宽阔、仁厚的胸襟更为叹服了。他将将胡须，低头笑了笑，拍着郭林宗的肩膀，很是赞成。

贾淑听到这番话，十分感动，从此改过自新，终于成了一个品行高尚的人。

后来，同乡有难，贾淑总是全力以赴地帮助他们，为他们排忧解难，受到同乡人的称赞。

郭林宗对不熟识的异乡人也是倾力帮助，从来不计较个人得失。

左留是陈留地方的人，他曾经是郡学里的儒生，因为过失而被斥退。从此，左留对郡学里的教师以及生员都怀恨在心，认为他们有的陷害自己，有的不顾同门情谊不肯保全自己，因此总想寻找机会进行报复。

有一次，郭林宗在路上遇见左留，听说了这件事，于是专门设酒宴安慰他。郭林宗对他说："颜涿聚曾是梁甫那儿的大盗，段干木曾是晋国的马贩子，可是后来颜涿聚求学于孔子，终于成了齐国的忠臣；段干木求学于子贡，也成了魏国有名的贤者。像蘧瑗、颜回那样品德高尚的人尚且不能没有错误，何况一般的人呢？希望你千万不要恼恨，应该严格反省自己。"

左留接受了郭林宗的劝告后，若有所思地走了。

当时，有人指责郭林宗不与坏人断绝往来，郭林宗回答说："对于不仁的人，痛恨他太过分了，这是有害的，应该给每一个人公平的改过自新的机会。"

后来，左留受到奸人挑唆，邀集一伙人想对郡学里的其他生员进行报复。那天恰好郭林宗在郡学里，左留悔恨自己违背了对郭林宗的允诺，于是没有进行报复就离开了。

这件事让许多人知道后，那些指责过郭林宗的人都向郭林宗表示歉意，并对他的为人十分佩服。

■故事感悟

宽厚待人不是逆来顺受，而是以德报怨，以善报恶。郭林宗用他的宽厚感化恶人，赢得众人的敬佩。他在太学中被列为"八顾"之首，谣谚称："天下和雍郭林宗。""和雍"二字最能体现出郭泰虚怀若谷、有容乃大的性情。

■史海撷英

郭林宗归隐

郭林宗博学聪颖，敏于洞察世事。在为官期间，他深感东汉政权摇摇欲坠，宦官政治日趋腐败，这种大局已经难以扭转。因此，他性甘恬退，淡于仕途。

汉桓帝建和中年，太常赵典举有道，郭林宗坚持辞谢；永兴年间，司徒黄琼辟召，依然不就。友人都劝郭林宗，郭林宗婉言谢绝，矢志"优游卒岁"，淡泊终生。对那些看重仕途的人，郭林宗经常说："我夜观天象，昼察人事，知道天已废，非人力所能支持。"

清廉耿介的汝南太守范滂曾这样评价郭林宗："隐不违亲，贞不绝俗，天子不得臣，诸侯不得友。"同郡名士宋冲称他："自汉元以来，未见其匹。"

耿直宽厚的鲁肃

鲁肃（172—217），字子敬。临淮东城（今安徽定远县永康）人。东汉末年著名的政治家、军事家、外交家。他是孙权手下主要的谋士与将领，为东吴势力策划天下大势，在周瑜去世后接掌前线军事，力主与刘备势力联合对抗曹操。

三国时期，鲁肃相对于曹操、刘备、关羽等，只是个性格忠厚、老实、谨慎的老好人。周瑜曾说："子敬乃诚实人也。"但往往不起眼的人物，也会影响重大事情未来的命运。

孙刘联盟时，周瑜发现诸葛亮计谋高他一筹，便想将其除去，"此人助刘备，必为江东之患"。是鲁肃挡了下来："不可。今操贼未破，先杀贤士，是自去其助也。"

"诸葛瑾乃其亲兄，可令此人同事东吴，岂不妙哉？"眼观当下大局，理性缓解冲突，也看得出他心地仁厚。

面对曹操大军来袭，孙权与江东众人商议，众人皆认为应投降，唯鲁肃不赞成。等众人散去，他又单独与孙权说其理由。以下为二人对答：

"恰才众人所言，深误将军。众人皆可降曹操，唯将军不可降曹操。"

"何以言之？"

"如肃等降操，当以肃还乡党，累官故不失州郡也；将军降操，欲安所归乎？位不过封侯，车不过一乘，骑不过一匹，从不过数人，岂得南面称孤哉？众人之意，各自为己，不可听也。将军宜早定大计。"

在众人说话都从自身利益角度出发时，唯有鲁肃，是为他效忠之人的利益考虑。

仁厚、忠诚的鲁肃得知周瑜想害诸葛亮，要他去聚铁山断粮道时，实在感到不忍心，便专门拜访诸葛亮，看他是否知晓周瑜用意。哪知诸葛亮却说了不屑周瑜的话，"周公瑾但堪水战，不能陆战耳"。

鲁肃回来后，把诸葛亮的话如实转告给周瑜，周瑜大怒，扬言要亲自去聚铁山断粮道。其实，这一切都在诸葛亮的掌握之中：鲁肃耿直老实，没什么心眼，肯定会把自己对他说的话转告周瑜，被激怒后的周瑜也必定会达到诸葛亮的目的。

周瑜得知是诸葛亮故意戏弄他，又听到他对当下局势的分析后，越发觉得应该铲除诸葛亮这个祸根。这一次，鲁肃又出来拦住周瑜，说："当今正是用人之际，望都督以国家为重。且待破操之后，图之未晚。"

成全诸葛亮的计谋和安全，鲁肃的仁厚善良的确发挥了很大的作用。由于他与周瑜的交情较深，也有道理可劝，这才免去了诸葛亮好几次危险。

然而，鲁肃再次被周瑜派去试探诸葛亮，问对周瑜之计的看法时，鲁肃如实转告周瑜后，周瑜妒忌。鲁肃又欲劝阻，这次周瑜不听了，而是命令诸葛亮在数天之内造出10万支箭。但诸葛亮是谁？聪明得连周瑜更加妒忌！

在周瑜之妒与诸葛之智之间，鲁肃的性格再一次发挥了作用：他心善，或许因为之前打了小报告而心存歉疚，于是借给了诸葛亮船，也答应不把事情告诉周瑜；又因他老实，自然想不到，诸葛亮借船是何所图。

否则，诸葛亮借不到船，或者借了船却走漏了风声，就不会有历史上著名的草船借箭这一佳话了。

鲁肃这宽厚的性格，在江东与刘备等之间起到了很好的润滑剂作用。周瑜决意起兵与刘备诸葛亮一决雌雄，鲁肃劝其缓一缓，等他去见刘备说理，让刘备归还荆州。

倘若当时没有鲁肃存在的话，那么两方开战，必定都损失不小，最终反让曹操捡个大便宜。

鲁肃这种人，老实善良、忠厚宽厚，被孙权、周瑜深深信任，屡屡采纳其意见。他不会钩心斗角，不会活得很累，又能得到当权者的信赖倚重，实在是个老好人。

■故事感悟

鲁肃的仁慈厚道，鲁肃的宽广之心，都可称为是"目光长远"。鲁肃的故事也告诉我们，做人一定要与人为善，耐心帮助他人，慷慨地表达我们的宽厚，从而达到心灵的感染、精神的升华。在日常的生活中，不妨多一份像鲁肃的宽厚，少一份小人的刻薄。

■史海撷英

鲁肃与周瑜的至交

东汉时期，朝廷在镇压各地农民起义的过程中，地方封建割据势力不断扩大，群雄四起，天下大乱。这时，鲁肃不但不治家事，反而大量施舍钱财，卖掉土地，以周济穷困的百姓，结交贤者。为此，鲁肃深受乡民的拥戴。

当时，周瑜正担任居巢长。听闻鲁肃的大名后，便带着数百人前来拜访，请鲁肃资助一些粮食。鲁肃家中有两个圆形的大粮仓，每仓中都装有三千斛米。周瑜刚一开口说出借粮之意，鲁肃马上毫不犹豫地用手指着其中的一仓，赠予周瑜。

经过这件事后，周瑜确信鲁肃是一位与众不同的人物，便主动与鲁肃结交，两人也因此建立了深厚的友谊。

■ 文苑拾萃

赠兵部尚书鲁肃简公挽词三首

（宋）宋庠

昔事重明邸，俄陶万物钧。
专怀长孺直，终损武侯神。
舟壑先成夜，桃蹊遂不春。
惟余丽牲刻，终古志名臣。

两刺史不争功

夏侯夔（483—538），字季龙。南北朝时期梁国的刺史。

南北朝时期，梁国有两位著名的刺史，分别为湛僧智和夏侯夔。湛僧智驻在谯州，夏侯夔驻在司州。两人彼此不慕虚名，不争功利，谦让有礼，受到梁国百姓的称颂。

有一回，湛僧智奉命出征，率兵将北魏的军队包围在广陵城内。两军相持对垒，历时9个多月，但一直都没有决出胜负。梁王见两军对峙的时间太久了，就指派夏侯夔率军前往广陵去支援湛僧智。夏侯夔率兵进驻广陵城外的第二天，北魏将领元庆就派人前来求和了，并表示愿意投降。

夏侯夔见状，心想：我军队才刚刚来到这里，根本没有参加任何战斗；而湛僧智的军队在这里已经与敌军对峙了9个多月，没有功劳也有苦劳，所以这次接受投降使者的人应该是湛僧智。

于是，夏侯夔就将湛僧智请来，十分诚恳地说："将军，此次魏军投降，请你出任使者，进城去接受魏军的投降吧。"

湛僧智听了，忙推辞说："我率兵在这里攻城近10个月，魏军都不肯投降。而你的大军一到，他就愿意投降了，这分明就是因为怕你呀！如果我进城受降，一定会违背他的意愿，弄不好反而会出现变故。所以，还是请将军您前往为好。"

夏侯夔还是认为，自己进城受降是贪人之功，所以一再诚恳地请湛僧智去受降。湛僧智却以为，夏侯夔对他的真诚是有所误解，所以又十分真挚地解释说："我的军队大多是招募来的，缺乏严格的军纪训练。如果进城之后有人以胜利者的姿态在城里胡作非为，掠杀百姓，岂不造成后患？而将军一贯治军有方，军纪严明，只要你约法三章，兵士们就不会乱来。所以，我坚持请将军前往受降，这完全是从全局考虑的。"

夏侯夔觉得湛僧智的话很诚挚，也很有道理，再一想，进城时间如果拖得太久，可能会出现意外，使魏军投降一事发生变故。于是，他立即率兵登城，拔掉了魏军的旗帜，换上了梁国的旗号。

梁军进城后，果然军纪严明，深受城中老百姓的拥戴，全城秩序安定，广陵城和平地归属于梁国。从此，湛僧智与夏侯夔的关系更加密切了，他们这种相互不争功的高尚美德也为世人所称颂。

■故事感悟

两个刺史都没有争功，反而以宽厚仁义之心互相推功，真是无私啊！能以无私宽厚之心对待得与失，才是做大事者的高尚情操。

■史海撷英

萧衍建立梁朝

南齐末年，东昏侯荒淫暴虐，各地起兵造反者众多，很多都被平定了，其中最有力的平定者为萧衍的兄长、时任雍州(今湖北省襄阳)刺史的萧懿。可惜的是，后来萧懿被东昏侯毒杀，萧衍便承继了兄长的职位，接任雍州刺史。

其实，萧衍一直都在寻找机会准备举兵推翻东昏侯。中兴元年（501年），萧衍领兵攻打郢城，围城200余日，最终攻破，"积尸床下而寝其上，比屋皆满"。不久，萧衍又发兵进攻南齐首都建康，改立南康王萧宝融于江陵称帝，是为齐和帝；而东昏侯在政变中被将军王珍国所杀。

502年，南齐最后一个皇帝——和帝萧宝融，将齐朝的大权交给了梁王萧衍，萧衍正式称帝，国号也改为大梁。

■文苑拾萃

刺史制度

刺史为我国古代的一种官职名，本为御史的一种，始于汉代，其等级和职权范围随朝代的不同而多有变迁。"刺"，是检核问事的意思，即监察之职；"史"，为"御史"之意。

刺史制度是我国古代重要的地方监察制度，也是维护皇族政权的有力武器，对于加强中央对地方的监督和控制起到了重要作用。

朱冲善待邻居

朱冲（生卒年不详），字巨容。西晋南安郡（今甘肃陇西县三台村）人。他是陇西历史上有记载的一位安贫乐道、隐逸不仕的高人，年轻时就注重修养德行，闲静寡欲，好钻研经典。

晋朝有位心地善良、待人宽厚的大臣，名叫朱冲。虽然他官位很高，却从不仗势欺人，还能够时时处处替他人着想，从来不把别人的过失放在心上。这种宽容忍让的美德，朱冲小时候就已经养成了。

朱冲出生于南安一个比较贫穷的家庭，家里没钱供他念书，朱冲只好在家种地放牛。

有一次，朱冲正在野外放牛，忽然邻居家一头牛朝他跑了过来，邻居慌慌张张地东瞧瞧、西看看，最后不由分说，牵了朱冲的一头小牛，转身就走了。

和朱冲一起放牛的牧童十分惊讶，半天才回过神来，连忙扯着朱冲的袖子说："快！快去把牛追回来，那头是你家的牛啊！这人怎么招呼都不打就牵走了，快去追呀！"

朱冲看到邻居把自己的牛牵走了，既不生气，也不去追，只是淡淡地回答说："这里边一定有什么原因，等回家后再问问。"

过了没一会儿，只见把牛牵走的那个邻居又满头大汗地赶着牛跑了回来。他走到朱冲面前，不好意思地连声道歉："真对不起！真对不起！我的牛原来跑到树林子里了。看我多糊涂，还牵走了你家的牛。真对不起，现在我给你牵回来了，嘿嘿，认错牛了。"

朱冲听明原因，笑了笑，不以为意。

村里还有一家人，平时好占小便宜，曾三番五次地故意把牛放到朱冲家的地里，让牛随意啃吃地里的庄稼。

朱冲看到后，也不在乎。别人劝他去找那家人理论，朱冲笑笑说："人家也许有人家的难处，我能帮得上忙的就该帮帮他。"

于是，朱冲每天下地收工回来，途中总要多打几捆草，连同那啃吃庄稼的牛，一同送回主人家中。

朱冲把草和牛送到人家门口，还诚恳地对主人说："你们家人少地多，顾不上照看牲口，我家草多，给你拿些来喂牛吧！喂完了，我还可以再给你家多送些来。"

那家人一听，又羞愧又感激地对朱冲说："你真是太好了！你放心，以后我们家的牛再也不会去糟踏你家庄稼了！"

待人宽厚的朱冲赢得了亲朋、乡邻的一片赞扬。

故事感悟

朱冲的这种诚恳，才是真正的"厚德"啊！厚德的人心底无私，襟怀坦荡，光明磊落，心灵清澈而见底。永远保持一颗宽厚、善良之心，可使你成为一个品德高尚的人。

司马炎建立西晋

265年，司马昭病死，其子司马炎继承晋王职位，掌握了全国的军政大权。经过精心的准备，同年12月，司马炎仿效曹丕代汉事件，为自己登基做好了准备。

在司马炎接任相国后，就有一些人受司马炎指使前来劝说魏帝曹奂早点让位。不久，曹奂便下诏书说：晋王家世代辅佐皇帝，功勋高过上天，四海蒙受司马家族的恩泽，上天要我把皇帝之位让给你，请顺应天命，不要推辞！司马炎自然也会假意推让一番。这时，司马炎的心腹太尉何曾、卫将军贾充等人便带领满朝文武官员再三劝谏。司马炎多次推让后，才接受魏帝曹奂禅让的帝位，封曹奂为陈留王。

265年，司马炎登上帝位，定都洛阳，改国号为晋，史称西晋。晋王司马炎便成为历史上的晋武帝。

遗临平监吏

（唐）朱冲和

三千里外布干戈，果得鲸鲵入网罗。
今日宝刀无杀气，只缘君处受恩多。

俩将军冰释前嫌

郭子仪（697—781），又称郭令公。祖籍山西汾阳，唐代华州郑县（今陕西华县）人。唐代将领，平定安史之乱与诸多乱事，历事玄、肃、代、德四帝，封汾阳王。

李光弼（708—764），唐代营州柳城（今辽宁省朝阳）人，契丹族人。唐天宝十五年（756年）初经郭子仪推荐为河东节度副使，参与平定安史之乱。乾元二年（759年）七月，任天下兵马副元帅，曾参与镇压浙东袁晁领导的农民起义军。

　　唐朝玄宗时期，朔方节度使安思顺的属下有两位杰出的部将，一个名叫郭子仪，另一个名叫李光弼。可是，两人之间因为有些私人恩怨，平时都互不讲话。即便是在路上相遇，也总是互相回避。

　　唐天宝十四年（755年）冬，范阳节度使安禄山带头叛乱。为了平息叛乱，唐玄宗提拔郭子仪继任朔方节度使，统兵抵御敌军。这样一来，李光弼就成了郭子仪的下属。郭子仪想，平时两人关系不好，互相心里都有些埋怨，这样肯定会影响合作，因此心里感到很不安。

　　这时，玄宗又传来旨意，命令郭子仪即日率部出征。而此时的李光弼对自己的处境也很担心，怕郭子仪会寻机报复自己。

无奈之下，李光弼只好硬着头皮找到郭子仪，向郭子仪主动认错，说："我过去得罪您，是我的不是，今后不管怎样处置我，我无怨言，只希望高抬贵手放过我妻儿……"

还没等李光弼的话说完，郭子仪就赶忙离开座位，起身抱住李光弼，满眼含泪地说："李将军，现在是什么时候？国家危急，百姓遭难，正需要我们一起去效力，特别需要你这样的人才，难道我们还能像过去那样鼠肚鸡肠，计较个人恩怨吗？"

说完，郭子仪将李光弼扶到座位上，边为他斟茶边说，其实过去都是自己不好，不应该太在意一些私人的恩怨，并表示今后一定要主动搞好团结，彼此互相帮助。

看到郭子仪如此心怀坦荡，不计个人私怨，李光弼的心里也十分感动，当下就与郭子仪对拜了几拜，然后带兵请战。从此，两位将帅互相协同，在平息叛乱中都立下了卓越的战功。

■故事感悟

郭子仪与李光弼之间，由于长期不和，难免互相怨怼，但在国家危难之时，郭、李二人都能抛去私人恩怨、不计前嫌，携起手来共同对敌，足见他们的宽宏度量，值得我们学习。

■史海撷英

郭子仪平叛

唐肃宗李亨即位后，便调集各路兵马，继续讨伐安史叛乱。河西节度使李嗣业、安西行军司李栖筠等相继发兵，郭子仪也率5万兵马自河北出发。

接着，唐肃宗又派人去回纥、西域请兵，并与回纥约定：收复长安之日，子女玉帛皆归回纥。这就为回纥后来烧杀抢掠提供了口实。但不管怎么讲，此时唐肃宗的讨叛部队开始强盛起来。

然而，唐肃宗既没有经略天下的本事，也没有知人善任的能力。在收复长安之前，谋士李泌就建议派李光弼从太原出井陉，让郭子仪自冯如出河东，肃宗率兵据扶风，牵制各路叛军，使敌人疲于奔命。然后再派建宁王率军由长城与李光弼南北夹击，先捣毁安史集团的巢穴，再调集大军四合而攻之，这样便能彻底平定安史叛军。

对这样一条具有远见卓识的战略方案，李亨并没有接纳，反而在准备不够充分的情况下，听信宰相房琯的妄言，让他统帅军队去收复长安，结果唐军一败涂地。

后来，由于安禄山被其子安庆绪杀死，拥有重兵的史思明驻范阳，不听调遣，安史集团出现分裂，郭子仪这才有机会率军攻克了居于两京之间的河东郡，掌握了战争的主动权。

李亨以郭子仪为天下兵马副元帅，在回纥派来的大军支持下，郭子仪等人终于收复了洛阳和长安。